Eine kulinarische
Entdeckungsreise

Bettina Schaefer • Regina Jacobsen

Eine kulinarische Entdeckungsreise

DURCH SCHLESWIG-HOLSTEIN

UMSCHAU

INHALT

INHALT

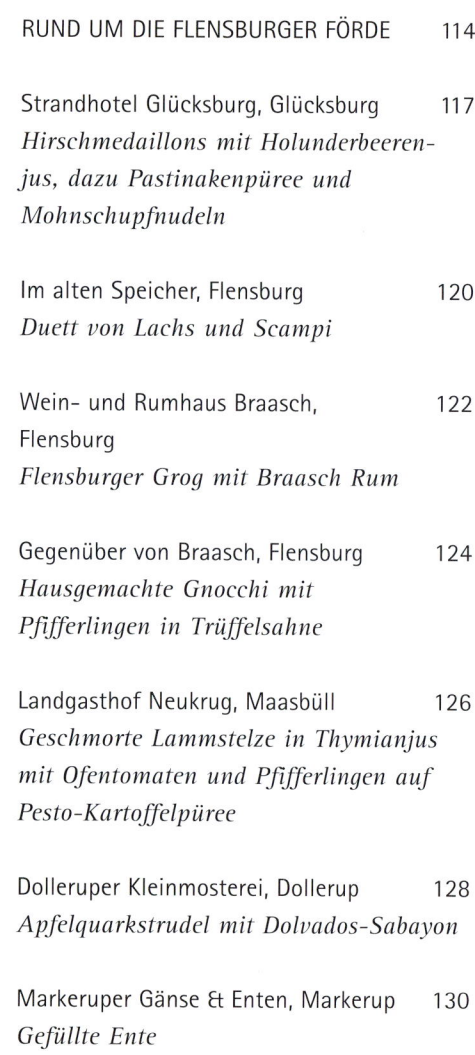

Schleswig-Holstein
Ostseeküste und Binnenland

Die Zahlen [128] sind identisch mit den Seitenzahlen der einzelnen Betriebe in diesem Buch und bezeichnen ihre Lage in Schleswig-Holstein.

77
Dollerup
128
Gelting
106

Kappeln
Arnis
110
104
Ulsnis
112

O s t s e e

Borgwedel
102

Dänischenhagen
98
Laboe
90
Fiefbergen
89

Holtsee
174

Kiel
Hafen
96 94 92

210

Hohwacht
82
Futterkamp
84

Heringsdorf
62

Dänischendorf
64
F e h m a r n

Fehmarnsundbrücke

Hohwachter Bucht

Selenter See

Dammdorf
80
Preetz
81

245

Bordesholm
140

Schillsdorf
142
Wankendorf
144

146

148

Neumünster

Plön
78 74 76

H o l s t e i n i s c h e

Eutin
72
Neustadt

Grömitz
60 58
57

Cismar
176

L ü b e c k e r   Bucht

1

S c h w e i z

Gr. Plöner See

Haffkrug
54
50
56
49 52

Timmendorfer Strand
Travemünde
42

7

Bockhorn

Bad Segeberg
158
156 154

Strenglin
70
Bad Schwartau

Stockelsdorf
40
38

Lübeck
44 36
Holstentor

Itzstedt
164

21

Bad Oldesloe

Alvesloe
166

Nienwohld
20

23

Tornesch
192

18
Tremsbüttel
Ratzeburg
30

Ahrensburg

1

Borstorf
22

Mölln
26 24
Till Eulenspiegel
28

Wedel
194

24

Schwarzenbek

Meine Entdeckungsreise durch Schleswig-Holstein

Ich gestehe: Ich liebe Schleswig-Holstein. Aber ich muss noch ein zweites Geständnis machen: Ich bin keine gebürtige Schleswig-Holsteinerin. Doch seit mehr als einer Dekade lebe ich im nördlichsten Bundesland – aus freien Stücken – und ich kann mir nicht mehr vorstellen, woanders zu leben. Gefragt, was mir an Schleswig-Holstein so sehr gefällt, antworte ich gern zur Verblüffung des Fragenden: „Das Wetter." Und das ist „kein Schnack", wie man hierzulande sagt, sondern die reine Wahrheit. Statistisch gesehen mag das Wetter in Schleswig-Holstein schlechter sein als anderswo. Manche sagen, es sei wechselhaft. Ich nenne es abwechslungsreich. Schleswig-Holstein ist im Prinzip eine Halbinsel zwischen zwei Meeren. Das Klima ist maritim, es weht immer ein mäßiger bis starker Wind. Wenn es anderswo im Sommer heiß ist und die stehende Luft stickig, dann haben wir in Schleswig-Holstein genug Wind, dass es immer gut auszuhalten ist. Wenn anderswo der Himmel seit Tagen verhangen ist oder es unaufhörlich regnet, dann pustet der Wind über dem Norden zwischendurch mal kurz die Wolken weg und ein blauer, freundlicher Himmel holt uns alle aus dem Stimmungstief.

Nun ist das Wetter natürlich nicht der einzige Grund, warum ich hier lebe. Da wären auch noch die Meere zu nennen, von denen mindestens eines von jedem Punkt in Schleswig-Holstein aus in weniger als einer Stunde zu erreichen ist. Und nicht zuletzt mag ich den Menschenschlag. Zugegeben, ich habe eine Weile gebraucht, um mit den Schleswig-Holsteinern warm zu werden, haben sie doch einen ganz eigenen Humor und vor allem eine bestechende Ehrlichkeit und präzise Sachlichkeit. Jedes Wort zuviel empfinden sie als Geschwätz. Wenn man einen Schleswig-Holsteiner fragt, was denn sein Land ausmache, so antwortet er selten mit mehr als drei Worten. „Waterkant und

Binnenland" ist eine dieser Formulierungen, die drei K – „Küste, Kühe, Köm" eine andere. Wobei „Köm" der regionaltypische Kümmelschnaps ist, der als „Verteiler" eine deftige Mahlzeit abschließt. Womit wir beim Essen wären.

Ein Kollege hat Schleswig-Holstein einmal als „kulinarisches Entwicklungsland" bezeichnet. Dem kann ich nicht beipflichten. Mag sein, dass so mancher vor allem an deftige Gerichte wie „Grünkohl mit süßen Kartoffeln, Kochwurst und Schweinebacke" oder an „Birnen, Bohnen und Speck" denkt. Doch beschert uns die ungewöhnliche Topografie des Landes mit zwei Küsten und äußerst fruchtbaren Böden einen einzigartigen Reichtum an Zutaten – fangfrischen

Fisch aus den Meeren und aus den über 300 Binnenseen in den verschiedensten Zubereitungsarten, Fleisch von auf den Salzwiesen weidenden Lämmern bis hin zu Wild aus hiesiger Jagd, eine reiche Auswahl an Obst und Gemüse und nicht zuletzt Erzeugnisse wie den landestypischen Katenschinken und viele Sorten Käse aus Ziegen-, Schafs- und Kuhmilch. Die Verwendung frischer Zutaten aus der Region ist Programm auf den Speisekarten der Landgasthöfe wie auch auf denen der Gourmetrestaurants, von denen ich viele in den letzten Monaten besucht habe.

Die Arbeit an diesem Buch wurde zu meiner persönlichen Entdeckungsreise durch Schleswig-Holstein. Und das nicht nur in

kulinarischer Hinsicht. Denn einige Winkel des Landes hatte auch ich vorher noch nie besucht. Und beinahe jeden Tag habe ich mich neu verliebt in die wechselnden Landschaften, die Weite, die Farben und die alten Städte und Dörfer mit Charme und Geschichte.

Das vorliegende Buch deckt die Schleswig-Holsteinische Ostseeküste und das Binnenland ab. Für Teile der Westküste und die vorgelagerten Inseln sowie für die Insel Sylt gibt es je eine eigene „Kulinarische Entdeckungsreise" aus der Feder meines Kollegen Peter Sawallich und mit Fotos von Regina Jacobsen, die ich allen Lesern hiermit ans Herz legen möchte.

Ich wünsche Ihnen viel Spaß bei Ihrer Entdeckungsreise durch dieses Buch und im Anschluss an die Lektüre einen Guten Appetit beim Besuch der hier vorgestellten Betriebe!

STORMARN UND LAUENBURG

Dem gestressten Hamburger wird es leicht gemacht, am Wochenende der Hektik der Großstadt zu entfliehen. Er muss sich nur in die S-Bahn setzen, die ihn in einer knappen halben Stunde nach Aumühle am Rand des Sachsenwaldes bringt. Dort angekommen, bietet sich ihm eine Vielzahl von möglichen Zielen. Da wäre zum einen der Sachsenwald selbst zu nennen, der mit einer Fläche von knapp 70 Quadratkilometern das größte geschlossene Waldgebiet Schleswig-Holsteins bildet und über eine Vielzahl von Wanderwegen verfügt, von denen einige direkt am Bahnhof Aumühle beginnen. Der geschichtlich Interessierte kann gleichsam auf den Pfaden des Fürsten Otto von Bismarck wandeln. Im Ortsteil Friedrichsruh befinden sich die Otto-von-Bismarck-Stiftung, das Bismarck-Museum, das Mausoleum, in dem Otto von Bismarck seine letzte Ruhe fand, und nicht zuletzt das Schloss, das noch heute von der Familie von Bismarck bewohnt wird. Romantisch wird es im „Garten der Schmetterlinge", ebenfalls im Ortsteil Friedrichsruh gelegen, der tropische Schmetterlinge und noch einiges mehr zu bieten hat. Für die Technikbegeisterten bietet sich ein Besuch des Eisenbahnmuseums „Lokschuppen Aumühle" an, das neben seiner Ausstellung restaurierter Schienenfahrzeuge auch Draisinenfahrten anbietet und Sonderfahrten mit alten

Dampfloks organisiert. Und dann wäre da noch das Naturfreibad „Sachsenwaldbad Tonteich" in Wohltorf zu nennen, das ebenfalls gut zu erreichen ist. Hier kann man nicht nur nach Herzenslust im Wasser toben, planschen, die Rutsche oder den großen Sprungturm benutzen – der Aufenthalt gilt zudem noch als besonders gesund, weil das Tonteichwasser stark mit essigsaurer Tonerde vermischt ist.

Orte wie Aumühle gibt es im Gebiet der Kreise Stormarn und Herzogtum Lauenburg viele, wenn auch nicht alle so unkompliziert mit der S-Bahn zu erreichen sind. Die gesamte Region ist ein ideales Ziel für Erholungssuchende, Freizeitsportler und Naturgenießer, für kulturgeschichtlich interessierte oder erlebnisorientierte Wochenendausflügler und Urlauber. Die Liste der möglichen Ziele ist beinahe endlos.

Ausgedehnte Waldflächen und rund 40 Seen, von denen der Schaalsee und der Ratzeburger See die größten sind, bilden den Naturpark Lauenburgische Seen, der mit 470 Quadratkilometern der drittgrößte Naturpark Schleswig-Holsteins ist. Erkunden kann man ihn zu Fuß, zu Pferde, mit dem Rad oder dem Kanu und dabei in aller Ruhe so manches seltene Getier beobachten.

Die „Alte Salzstraße" ist ein jahrhundertealter historischer Handelsweg zwischen

Lüneburg in Niedersachsen und der Hansestadt Lübeck. Weil man mit Pferdekarren auf den sandigen Wegen für die knapp 100 Kilometer gut drei Wochen brauchte, entstanden bereits im Mittelalter Planungen für einen Wasserweg, der jedoch erst Anfang des vergangenen Jahrhunderts fertiggestellt wurde – der Elbe-Lübeck-Kanal. An dessen Ufern entlang kann man heute die „Alte Salzstraße" zu Fuß oder mit dem Fahrrad erkunden. Auf dem Weg laden geschichtsträchtige Städte wie das „Schifferstadt am Strom" genannte Lauenburg, Ratzeburg mit seinem mächtigen Dom und die Eulenspiegelstadt Mölln zum Verweilen ein.

Dutzende Museen, Kirchen und andere historische Gebäude sind ebenso einen Ausflug wert wie alte Güter, Herrenhäuser und Schlösser, von denen einige inzwischen auch als Veranstaltungsort oder gastronomisch genutzt werden.

HOTEL SCHLOSS TREMSBÜTTEL

Hotel Schloß Tremsbüttel

Schloßstraße 10
22967 Tremsbüttel

Telefon 0 45 32 / 26 40
Telefax 0 45 32 / 2 64 14

www.tremsbuettel.de

Das Hotel „Schloß Tremsbüttel" ist ein Ort, an dem Fernsehgeschichte geschrieben wurde. Es diente als Kulisse für Edgar-Wallace-Filme und einen Tatort, hier fand die erste Miss-Germany-Wahl statt und hier wurden Fernsehpreise wie die Goldene Kamera und der Goldene Bildschirm verliehen. Weltstars wie Sophia Loren, die Beatles oder Leonhard Bernstein und deutsche Größen wie Heidi Kabel, Walter Scheel, Curd Jürgens oder Inge Meysel entspannten auf dem weitläufigen Schlossareal. Es sei „das einzige Hotel, in dem man in Deutschland wohnen kann" schrieb Klaus Kinski in das Gästebuch.

Das im ausgehenden 19. Jahrhundert erbaute Herrenhaus wurde 1939 zum Schlosshotel umgebaut. In den 1960er und 1970er Jahren erlebte es seine Blütezeit und wurde zum Treffpunkt der Hamburger Gesellschaft. Heute positioniert sich „Schloß Tremsbüttel" als Hotel zum „Wohnen und Entspannen" und knüpft damit an seine Geschichte an. 50 liebevoll eingerichtete Zimmer, darunter drei Suiten und zwei Juniorsuiten, stilvoll und überwiegend mit Antiquitäten möbliert, stehen dem Gast zur Verfügung. Wellness-, Sport- und Freizeitangebote runden das Wohlfühlerlebnis ab. Wer vor allem Ruhe sucht, kann durch den 1780 angelegten romantischen Schlosspark oder den asiatischen Garten schlendern, an bezaubernden Plätzen verweilen und die Natur genießen.

Genießen wird man auch den Aufenthalt im täglich ab 17 Uhr geöffneten À-la-carte-Restaurant. Die Küche präsentiert sich ambitioniert und kreativ, bei handwerklich perfekter Umsetzung. Die Karte wechselt nach Saison und der Verfügbarkeit frischer Zutaten. Abgerundet wird das Genusserlebnis durch das besondere Ambiente der historischen Räumlichkeiten und einen gepflegten Service. Besondere Termine wie Menüabende sind dem kulinarischen Kalender zu entnehmen, der im Internet eingesehen oder angefordert werden kann. Für Veranstaltungen aller Art, von der sprichwörtlichen Traumhochzeit über Tagungen und Seminare bis hin zu Konzerten, ist das Haus mit der „Alten Kornscheune", dem modernen Tagungszentrum, dem Amphitheater und den historischen Räumlichkeiten ebenfalls bestens ausgestattet. Mit eigenen Veranstaltungen will „Schloß Tremsbüttel" auch in kultureller Hinsicht Akzente setzen. Dutzende Ideen, von Lesungen am Kamin über Ausstellungen bis hin zu Open-Air-Konzerten und Opernaufführungen, sollen in der nächsten Zeit umgesetzt werden. Doch auch traditionsreiche Feste, wie das knisternde Osterfeuer, gehören weiter zum Programm.

Boeuf Bourguignon vom Bebenseer Galloway

Zutaten

1,2 kg Rindfleisch (Schulter) vom Galloway Rind
1 EL Tomatenmark
2 EL Mehl
2 Flaschen Wein, kräftiger Burgunder
je 1 Bund Rosmarin, Thymian, Petersilie
300 g Möhren
300 g Sellerie
300 g Schalotten
1 Knoblauchzehe
250 g durchwachsener Speck
300 g kleine Champignons
Salz
Pfeffer
3 cl Cognac
Petersilie
Öl zum Braten

Zubereitung

Das Fleisch in je 4 Kubikzentimeter große Stücke, Sellerie und Karotten in je 1 Kubikzentimeter große Stücke schneiden. Alles zusammen mit den Schalotten und dem Knoblauch in dem Wein einlegen und über Nacht ziehen lassen. Am nächsten Tag abgießen und den Sud aufbewahren. Das Fleisch rundherum kräftig in einem Bräter anbraten. Das Gemüse dazugeben und kurz mit anbraten, dann mit dem Tomatenmark tomatisieren. Alles mit Mehl bestäuben und bei mittlerer Hitze angehen lassen. Den Sud in einem separaten Topf kurz aufkochen und gut abschäumen. Jetzt den Ansatz nach und nach mit dem Weinsud ablöschen, immer wieder etwas einkochen lassen, bis sich das Mehl aufgelöst hat. Das Ganze salzen und pfeffern und die Bunde Thymian und Rosmarin hineinlegen. Ungefähr 1 – 2 Stunden abgedeckt bei mittlerer Hitze im Ofen schmoren (das Fleisch muss weich sein). Die Kräuterbunde entfernen, das Ganze mit Salz, Pfeffer und Cognac nachschmecken. Die Petersilie fein hacken. Den Speck auslassen, die Champignons anbraten und zuletzt mit der Petersilie vermengen. Zum Schluss auf das Boeuf Bourguignon geben.

Als Beilage eignen sich Kartoffeln in allen Zubereitungsformen oder Nudeln.

SÜSSMOSTEREI PAUL SCHMIDT

gesundes und wohlschmeckendes Obst zur Verarbeitung kommen zu lassen. Schonend werden die Früchte gewaschen und der Saft abgepresst. Auch das Ausmischen der unterschiedlichen Rohsäfte zu den feinen Fruchtnektaren verlangt bei allen technischen Möglichkeiten handwerkliches Geschick und sensorisches Können, welches sich Martin Schmidt durch seine langjährige Berufserfahrung angeeignet hat. Die Haltbarmachung des Safts erfolgt nur durch kurzzeitiges Erhitzen, bevor der Saft in Lagerbehälter oder auf Flaschen gefüllt wird. Die Kundschaft dankt die hohe Qualität durch langjährige Geschäftsbeziehungen, die zum Teil schon seit mehreren Generationen bestehen.

Eine enge Kundenbeziehung ist Martin Schmidt sehr wichtig, weil er sich beim Kreieren neuer Saftkombinationen gern von den Wünschen seiner Kunden leiten lässt. Durch Gespräche in seinem kleinen „Saftladen", der übrigens ganzjährig geöffnet ist, entstanden leckere Säfte wie Apfel-Sanddorn, Apfel-Mango, Apfel-Quitte und Trauben-Orange.

Auf Säfte von Früchten, die in Norddeutschland nicht reifen, braucht der Kunde nicht

Wenn man im Herbst durch den kleinen Stormarner Ort Nienwohld fährt, steigt einem in der Ortsmitte der wohlige Duft von frischem Apfelsaft in die Nase. Hier befindet sich seit über 35 Jahren die "Süßmosterei Paul Schmidt", wo jedes Jahr im Sommer und im Herbst von den Gartenbesitzern und Obstbauern aus der Umgebung die reifen Früchte zum Lohnmosten angeliefert werden. Aus den Ernten von Rhabarber, Johannisbeeren, Sauerkirschen, Pflaumen, Zwetschen, Äpfeln, Birnen und Quitten produzieren Inhaber Martin Schmidt und seine erfahrenen Mitarbeiter leckere Fruchtsäfte und Nektare. Dabei ist trotz einer leistungsfähigen Kelter- und Abfüllanlage noch viel Handarbeit gefragt. Das Auslesen der Früchte wird mit großer Sorgfalt erledigt, um nur

Süßmosterei Paul Schmidt

Dorfstraße 28
23863 Nienwohld

Telefon 0 45 37 / 2 50
Telefax 0 45 37 / 17 36

www.suessmost-schmidt.de

zu verzichten, denn von befreundeten Kollegen bezieht der Betrieb Roh- und Halbwaren, um sein Sortiment durch Zitrussäfte und feine französische Traubensäfte zu komplettieren. Eine besondere Spezialität aus dem Hause Schmidt ist der VIRIDIA-Bittercocktail, der durch seine natürliche rote Farbe und dem herbbitteren Geschmack aus verschiedenen Kräuterextrakten einem italienischen Aperitif sehr ähnlich, aber alkoholfrei ist.

Eine fundierte Berufsausbildung, die Martin Schmidt nach Südhessen führte, und die stetige Suche nach neuen Fruchtsaftkombinationen garantieren, dass es neben der Verarbeitung der traditionellen Gartenfrüchte auch in Zukunft immer etwas Neues geben wird. Abgerundet wird das Angebot durch selbstgekelterte Obstweine, Gelees und Konfitüren aus eigener Herstellung und durch Weine aus der Provence und Rheinhessen.

Auch der Kunde, der kein eigenes Obst hat, kann sich das ganze Jahr über mit den Produkten der „Süßmosterei Paul Schmidt" eindecken, zum Beispiel durch einen Besuch in Nienwohld. Der Einkauf in der Mosterei in Nienwohld bietet den besonderen Vorteil der Verkostung und die Möglichkeit, einen Blick in die Produktion zu werfen.

Im Hamburger Stadtgebiet und im näheren Bereich um Nienwohld in den Kreisen Stormarn und Segeberg werden die Erzeugnisse auch durch den Lieferservice des Betriebs frei Haus geliefert. Bestellungen können telefonisch oder im Online-Shop aufgegeben werden.

Tutti frutti

Apfelsaft, naturtrüb
Apfelsaft, klar
Nordlicht-Apfelsaft, Auslese
Apfel-Quittensaft
Apfel-Orangen-Nektar
Apfel-Mango-Saft
Birnensaft
Apfel-Sanddornsaft
Quitten-Nektar
Roter Johannisbeer-Nektar
Sauerkirsch-Nektar
Stachelbeer-Nektar
Zwetschen-Nektar
Rhabarber-Trunk mit Erdbeeren
Apfel-Cassis-Fruchtgetränk
Weißer Traubensaft
Roter Traubensaft
Traubora, Trauben-Orangensaft
Fliederbeersaft
Tomatensaft

Tropicals / Cocktails

Orangensaft
Grapefruitsaft
Multivitaminsaft
Ananassaft
A-C-E Vitamin-Getränk
VIRIDIA Bitter-Cocktail
BANOPAYA Fruchtcocktail
FRÜCHTETRUNK

Diät

Multi-Vitamin-Saft
10-Frucht-Diät-Nektar

Obstweine

Kirschwein
Erdbeerwein
Johannisbeerwein
Himbeerwein
Apfelwein

CHABOS

schufen sie eine behagliche, rustikale Atmosphäre. Viele Kerzen und ein offener Kamin, in dem fast immer ein knisterndes Feuer brennt, sorgen für eine warme, anheimelnde Stimmung. Bei gutem Wetter lädt zudem die weinberankte Sonnenterasse zum Verweilen und Genießen ein. Von einem alten Silo direkt am Feldrand ließen die Wirtsleute einen Teil der Außenwand stehen, der nun als Windschutz dient. Rund um die Fläche gestalteten sie ein idyllisches Biotop mit einem kleinen Teich. Ein Platz, an dem besonders an lauschigen Sommerabenden ganz automatisch Urlaubsstimmung aufkommt.

Draußen wie drinnen genießt man die von der leidenschaftlichen Köchin Ulrike Lütjens zubereiteten Köstlichkeiten. Serviert wird eine leichte deutsche Küche mit unübersehbaren Einflüssen der Mittelmeerküchen. Alles, selbst das Brot, wird vor Ort aus frischen Zutaten hergestellt. „Fertigprodukte haben keinen Platz in der Küche!", betont Ulrike Lütjens. Sie bereitet jedes Gericht individuell zu, sodass auch Sonderwünsche jederzeit problemlos erfüllt werden können. Und vor allem verarbeitet sie nur qualitativ hochwertige Zutaten von Wild aus hiesiger Jagd über Kartoffeln aus ökologischem Anbau bis hin zu kretischem Olivenöl.

Chabos im Hühnerhof

Burgstraße 14
23881 Borstorf

Telefon 0 45 43 / 89 15 04
Telefax 0 45 43 / 89 15 05

Inmitten einer ländlichen Idylle, umgeben von Feldern und Wäldern, am Rande des kleinen Dorfes Borstorf liegt das „Chabos im Hühnerhof". Wer hier ankommt, der genießt zunächst die Stille und lauscht den Geräuschen der unberührten Natur – dem Zwitschern der Vögel und dem Rauschen des Windes. Bisweilen vernimmt man auch das Krähen der Chabos, japanischer Zwerghühner, die auf dem Hof fernab von Käfighaltung und Verwertungszwang gehalten werden und die neben dem Namen auch für das markante Logo Pate standen. 1997 kaufte Familie Lütjens das im Jahr 1813 errichtete, reetgedeckte Bauernhaus, restaurierte es liebevoll und baute die große Diele und deren Nebenräume zum Restaurant um. Mit alten Möbeln und einer mit viel Liebe zum Detail gewählten Dekoration

Wildtopf auf andalusische Art

Zutaten

1 kg Wildschweinnacken
2 Zwiebeln
2 Knoblauchzehen
100 g schwarze Oliven
1 l Rotwein
500 g Champignons
2 rote Paprika
Crème fraîche
Thymian
Salz
Pfeffer
Öl zum Braten

Zubereitung

Den Wildschweinnacken in Stücke schneiden, scharf anbraten und mit Salz, Pfeffer und Thymian würzen. Zwiebeln und Knoblauch würfeln und zusammen mit den Oliven ebenfalls anbraten und würzen. Alles in einen großen Schmortopf geben, mit dem Rotwein auffüllen und ca. 75 Minuten bei 180 °C im Backofen schmoren. Paprika in kleine Stücke schneiden und zusammen mit den Champignons anbraten. Kurz vor Ende der Garzeit des Wildtopfs mit in den Bräter geben. Zuletzt mit Crème fraîche abschmecken. Dazu schmecken Rosmarin- oder Kräuter-Kartoffel-Pfannkuchen und ein kräftiger spanischer Reserva.

„Vom Einfachen das Beste", so fasst ihr Ehemann Dieter Lütjens das Credo zusammen.

Die Speisekarte enthält zu jedem Gericht eine Weinempfehlung aus der großen Auswahl von rund 20 offenen Weinen von deutschen und spanischen Winzern, die das Paar sorgfältig und größtenteils persönlich ausgewählt hat. Besonderen Wert haben sie dabei auf eine ursprüngliche und handwerkliche Herstellung gelegt und sich vielfach vor Ort auf den Weingütern und in deren Kellern davon überzeugt.

Jeweils am Sonntagvormittag gibt es außerdem im „Chabos im Hühnerhof" ein reichhaltiges, mediterran ausgerichtetes Brunch-Buffet. Und auch für Familienfeiern und Veranstaltungen ist das Haus bestens geeignet. „Der außergewöhnliche Rahmen … in der Mitte von gar nichts … für Ihre individuelle Feier", so überschreibt Familie Lütjens das im Hausprospekt. Doch keine Angst! Die „Mitte von gar nichts" liegt gar nicht so weit weg von Mölln und Ratzeburg. Und auch von Hamburg aus ist sie gut zu erreichen.

HISTORISCHER RATSKELLER

Skepsis und noch dazu an einem trüben Tag angesehen. Doch als sie die Räumlichkeiten betrat, war der erste Gedanke: „Das hat was!".

Für die Küche gewann sie Andrea Gast, die sich noch immer darüber amüsiert, wenn ein Gast „dem Koch" sein Lob ausspricht und die Servicekräfte versprechen, dieses an „die Köchin" weiterzugeben. Die Gerichte auf der monatlich wechselnden Karte decken „Holstein bis Asien" ab, wie es Cornelia Schrader zusammenfasst. Unter den frischen Zutaten aus der Region darf fangfrischer Fisch aus den hiesigen Seen, wie Zander oder Maräne, nicht fehlen. Für die Gäste der in Mölln ansässigen Kurkliniken sind einige auf eine diätische Ernährungsweise abgestimmte Gerichte auf der Karte besonders gekennzeichnet. Mit regelmäßigen Veranstaltungen vom literarischen Menüabend über Konzerte bis hin zu plattdeutschen Abenden mit Musik schlägt der Betrieb einen Bogen zwischen Kultur und Historischem einerseits und Kulinarischem andererseits. Involviert ist der Betrieb auch bei den Eulenspiegel-Festspielen, die alle drei Jahre zu Ehren des wohl berühmtesten Bürgers der Stadt am Möllner Rathaus stattfinden.

Das Möllner Rathaus wurde um das Jahr 1373 erbaut und ist damit das zweitälteste erhaltene Gebäude seiner Art in Schleswig-Holstein. Es beherbergt das Museum der Stadt Mölln, dessen Sammlung einen Eindruck über das hiesige Leben in den letzten drei Jahrhunderten vermittelt. Ein lohneswertes Ziel nicht nur für den kulturgeschichtlich Interessierten.

Im Ratskeller, heute im 1989 wiederhergestellten Kellergewölbe untergebracht, wirkt ein „fast reines Frauenteam", wie Inhaberin Cornelia Schrader erzählt. Sie selbst hatte lange Jahre in der Hotellerie gearbeitet, zuletzt im Schloss Lütgenhof in Dassow, ehe sie sich 2002 entschloss, den Weg in die Selbstständigkeit zu wagen. Zunächst hatte sie an einen Betrieb nahe der Küste gedacht und sich das Möllner Rathaus mit einer gehörigen Portion

Historischer Ratskeller

Am Markt 12
23879 Mölln

Telefon 0 45 42 / 85 38 88

www.historischer-ratskeller-moelln.de

zu einer Roulade aufrollen und mit einer Rouladennadel fixieren. Den Fisch in den kochenden Sud geben, kurz aufkochen lassen, dann den Topf von der Kochstelle nehmen und zugedeckt 10 Minuten ziehen lassen. Anschließend die Rouladen herausnehmen und warm stellen. Den Fond durch ein Sieb passieren. Dann die Crème fraîche einrühren. Das Ganze erhitzen und leicht reduzieren lassen. Die Safranfäden im Mörser zerstoßen und hinzugeben. Zuletzt die Sauce mit Salz, Pfeffer und Zucker abschmecken. Den Topf von der Kochstelle nehmen und die restliche Butter in kleinen Flocken in die Sauce einschwenken.

Den Reis waschen. Gesalzenes Wasser zum Kochen bringen, den Reis hinein geben und ca. 20 Minuten bei mittlerer Hitze quellen lassen.

Die Paprikaschoten putzen, waschen und vierteln. Die Kerne und die Häute entfernen und das Fruchtfleisch in kleine Würfel schneiden.

Den Reis durch ein Sieb abgießen und mit kaltem Wasser abschrecken.

Das Öl in einer Pfanne erhitzen, Paprika kurz andünsten. Den Reis hinzugeben und noch einmal erhitzen.

Reis und Zander-Lachs-Roulade mit der Sauce anrichten.

Pochierte Zander-Lachs-Roulade auf Safransoße, dazu Gemüsereis

Zutaten

4 Zanderfilets je ca. 180 g, enthäutet
4 Lachsfilets je ca. 40 g
1 unbehandelte Zitrone
2 Schalotten
40 g Butter
250 ml Fischfond
200 ml trockener Weißwein
100 g Crème fraîche
12 Safranfäden
Salz
Pfeffer
Zucker

300 g körniger Reis
400 g Paprikaschoten, grün und rot
2 EL Öl

Zubereitung

Die Fischfilets abspülen und trockentupfen, evtl. mit einer Pinzette Gräten entfernen. Die Zitrone auspressen. Die Fischfilets mit einem Teil des Safts beträufeln und ca. 10 Minuten ziehen lassen.

Inzwischen die Schalotten schälen und sehr fein würfeln. 20 Gramm Butter in einem Topf erhitzen und die Schalottenwürfel darin glasig dünsten. Den Fischfond und den Wein angießen und alles zum Kochen bringen.

Die Fischfilets nochmals abtupfen und schwach salzen. Dann je ein Stück Zander und Lachs

CAFÉ MARKT

Café Markt

Am Markt 3
23879 Mölln

Telefon 0 45 42 / 8 65 69

In gewissem Sinne ist Bettina Harder in die Fußstapfen ihrer Eltern getreten. Als sie noch ein Kind war, betrieben diese ein kleines Café im Ort Nusse und sie erzählt: „Damals habe ich gesagt: Ich will nie ein Café haben!" Heute ist das „Café Markt" ihr Steckenpferd. Unterstützt von ihrem Mann und einem eingespielten Mitarbeiterteam betreibt sie es mit viel Freude und Engagement und das bereits seit rund 20 Jahren!

Mitte der 1980er Jahre erwarben Bettina und Peter Harder ein gut 400 Jahre altes, spätmittelalterliches Hallenhaus am historischen Marktplatz in der Möllner Altstadt.

In ihrer Freizeit sanierten sie das Gebäude – überwiegend in Eigenleistung – mit dem Ziel, es zu einem Café umzubauen und im Obergeschoss eine Wohnung zu schaffen. Hinzugezogen wurde ein in der Instandsetzung derart alter Gebäude erfahrener Architekt sowie ein Restaurator für Spezialaufgaben, wie die Behandlung der rund 350 Jahre alten Decke in der Stube. Für ihre „lobenswerte Altstadtsanierung" wurde den beiden von der Kulturfördergesellschaft Mölln e.V. „Dank und Anerkennung ausgesprochen". Auch die Untere Denkmalschutzbehörde des Kreises Herzogtum Lauenburg bestätigte „die vor-

bildliche Ausführung sowie den richtungweisenden Umgang mit historischer
Bausubstanz". Im Jahr 1989 wurde das
Haus in das Denkmalbuch eingetragen.
Das Café wurde 1988 eröffnet. Etwas auf-
geregt seien sie damals schon gewesen,
erzählt die Inhaberin. In Mölln habe es
geheißen: „Wer soll denn wohl Kaffee
trinken gehen in dem alten dunklen Bau?"
Mit einem Schmunzeln und nicht ohne
Stolz fügt sie hinzu: „Die am lautesten
geunkt haben, sind heute unsere
Stammgäste!"
Das leicht windschiefe Gebäude mit seiner
hohen Diele, den kleinen Kammern und
den liebevoll zusammengetragenen antiken
Möbeln ist vor allem eines: urgemütlich!
In der guten Stube des „Café Markt"
sorgt im Winter ein alter Kachelofen
für warme Behaglichkeit.
Im Sommer kann man an den Tischen
vor dem Café die herrliche Kulisse des
historischen Markts genießen.
Eine Einkehr lohnt zu jeder Tageszeit.
Zum Frühstück wird neben frischen
Brötchen und allerlei Belägen hausgemach-
te Konfitüre gereicht. Wer im Lauf des
Tages Appetit auf eine herzhafte Mahlzeit
hat, kann aus einem Angebot nach Saison
wählen. Regionale Spezialitäten wie
Sauerfleisch oder Bratkartoffelgerichte stehen ebenso auf der Karte wie vegetarische
und vollwertige Speisen von Hirse-Spinat-
Auflauf bis Sellerie-Nuss-Puffer.
Und natürlich ist man zur Kaffeezeit im
„Café Markt" an der richtigen Adresse.
Sämtliche Kuchen und Torten, wie Mandel-
Mohn-Eierlikör-Torte, Schmant-Kuchen mit
Himbeeren, Quark-Sahne-Torte und viele
weitere, werden von Bettina Harder täglich
frisch gebacken. Dabei lässt sie sich von
den Wünschen der Kunden und vom Ange-
bot an frischem Obst inspirieren. Frische
Waffeln, Kaffeevariationen, Schokolade und
Teespezialitäten runden das Angebot ab.
Gefragt, ob sie ihren Schritt je bereut habe,
lächelt Bettina Harder und schüttelt ener-
gisch den Kopf.

Schoko-Nuss-Torte
mit Kirschen und Eierlikör

Zutaten

6 Eier, getrennt
100 g Zucker
2 Pck. Vanillezucker
1 Prise Salz
2 EL Rum
125 g Raspelschokolade
100 g weiche Butter
200 g Haselnüsse, gemahlene
2 Gläser Kirschen
1 EL Vanillepuddingpulver
200 g Sahne
Eierlikör nach Belieben
gerösteter Mandelkrokant nach Belieben

Zubereitung

Aus den Eiern, dem Zucker und Vanille-
zucker, Butter, Rum, der Raspel-
schokolade und den Haselnüssen
einen glatten Teig rühren. Eine
Springform (28 cm Ø) fetten und den
Teig hineingeben. Bei 175 °C den
Boden ca. 50 Minuten backen und
anschließend abkühlen lassen.
Kirschen durch ein Sieb abtropfen
lassen. Den Saft von einem Glas
erhitzen und mit einem Esslöffel
Vanillepuddingpulver andicken. Die
Kirschen zugeben. Die Masse auf dem
Boden verteilen und erkalten lassen.
Sahne steifschlagen und kurz vor dem
Servieren auf der Torte verteilen.
Mit viel Eierlikör beträufeln und ggf.
Mandelkrokant darüberstreuen.

HOTEL WALDHOF AUF HERRENLAND

seiner alten Substanz, die Art, mit der Francesca Rosenberger den Betrieb behutsam in die heutige Zeit überführt und nicht zuletzt auch die Pflege der zum Teil sehr persönlichen Gästebeziehungen. „Viele der Stammgäste kannten meine Mutter und zum Teil schon meine Großmutter", sagt die Inhaberin, „wenn sie herkommen, erzählen sie mir Geschichten, die sie mit dem Haus verbinden." Sie selbst verbindet ihre Kindheitserinnerungen mit dem wunderschönen Gutshaus und seiner malerischen Lage, umgeben von Wäldern und Seen.

Der Landhauscharakter wird unterstrichen vom liebevoll mit alten Rosen gestalteten Park und einer wohl gewählten Einrichtung in den 18 Hotelzimmern ebenso wie in den Veranstaltungsräumen und im Restaurant. Dieses bietet auf einer wechselnden Speisekarte eine „frische, saisonale Küche

Hotel Waldhof auf Herrenland

23879 Mölln

Telefon 0 45 42 / 21 15
Telefax 0 45 42 / 60 40

www.hotel-waldhof.de

Als Francesca Rosenberger das Hotel „Waldhof auf Herrenland" übernahm, welches zuvor ihre Mutter und davor ihre Großmutter geführt hatte, da fand sie ein altes, offenbar in Vergessenheit geratenes Gästebuch, dessen letzte Eintragung aus dem Jahr 1967 datiert. Kaum, dass sie das Zeugnis der langen Geschichte im Haus ausgelegt hatte, wurde es von den Gästen auch schon wieder in seiner ureigenen Funktion genutzt und ganz selbstverständlich im Jahr 2005 fortgesetzt. Dieses Gästebuch ist ein Sinnbild all dessen, was den „Waldhof auf Herrenland" ausmacht: das Bewahren der Tradition des Hauses und

mit einem Hauch Extravaganz", so Küchen-
chefin Petra Monika Holtz. Die Lage mitten
im Naturpark Lauenburgische Seen verpflichtet zu einem reichen Angebot an
hiesigem Fisch wie auch Wild aus eigener
Jagd. Abgerundet wird der Genuss durch
eine erstklassige Weinkarte, kenntnisreich
zusammengestellt von Servicechef Jens
Niemann, der auch für eine umfangreiche
Auswahl besonderer Spirituosen, wie edler
Whiskeys oder Cognacs, verantwortlich ist -
für den entspannten Abend am offenen
Kamin.

Familienfeiern und Firmenevents bis zu
100 Personen können entweder im gehobe-
nen Ambiente der Räumlichkeiten im Haus
oder der zünftigen Atmosphäre der alten
Scheune ausgerichtet werden. Vielfach sind
es Hochzeiten und gar nicht so selten
befinden sich unter den Gästen solche, die
ihrerseits vor dreißig, vierzig oder gar fünfzig Jahren im „Waldhof auf Herrenland"
gefeiert und ihre Spur im alten Gästebuch
hinterlassen haben.

Seezungenröllchen auf warmem Rucola mit karamellisierten Cherrytomaten und Safransauce

Zutaten

8 Seezungenfilets
4 Bund Rucola (gewaschen und trocken
geschleudert)
1 Schale Cherrytomaten
2 g Safranfäden
Butter
2 EL Mehl
Saft von 2 Zitronen
Saft von 1 Orange
2 EL Weißwein
250 ml Kalbs- oder Hühnerbrühe
1 Becher Sahne
2 EL Zucker
evtl. Mehl zum Mehlieren
Pfeffer
Salz

Zubereitung

Die Fischfilets mit etwas Salz, dem Saft von einer
Zitrone und einer halben Orange marinieren.
Für die Sauce Mehl in ca. 2 Esslöffeln Butter
anschwitzen, mit der Brühe ablöschen und ca.
eine Viertelstunde köcheln lassen.

Danach die Safranfäden sowie den
restlichen Zitronen- und Orangensaft
und zuletzt die Sahne hinzugeben.
Noch einmal aufkochen lassen und mit
Salz und Pfeffer abschmecken.
Anschließend warmhalten.
Den Zucker mit einem Esslöffel Wasser
karamellisieren, die gewaschenen
Tomaten 1 – 2 Minuten im Karamell
schwenken und ebenfalls warmhalten.
Die Seezungenfilets zu Röllchen formen und mit je einem Zahnstocher
fixieren. Sollen sie gebraten werden,
mehlieren. Die Röllchen in der Pfanne
braten oder im Dampfeinsatz über
Wasserdampf garen.
In einer Pfanne den Rucola kurz in
Butter anschwenken, mit dem Wein
ablöschen und mit Salz und frisch
gemahlenem Pfeffer würzen, danach
die Tomaten hinzufügen.
Den Rucola mittig auf einem Teller
anrichten, je zwei Seezungenröllchen
daraufsetzen und die Safransauce
außen herumziehen.
Als Beilage empfiehlt sich Weißbrot
oder ein Topinambur-Püree.

FARCHAUER MÜHLE

**Hotel-Restaurant
Farchauer Mühle**

23909 Farchau bei Ratzeburg

Telefon 0 45 41 / 8 60 00
Telefax 0 45 41 / 86 00 86

www.farchauer-muehle.de

Eva-Maria Gerber und Michael Sievers sind Gastgeber aus Leidenschaft. Die Gäste, die im Hotel-Restaurant „Farchauer Mühle" die Ruhe und Abgeschiedenheit inmitten der schönen Natur genießen, wissen das zu schätzen.

Dass sich hier jeder gut aufgehoben fühlt, liegt vor allem daran, dass die beiden Inhaber sich immer noch etwas mehr einfallen lassen, als von einem „normalen" Hotel- und Restaurantbetrieb zu erwarten wäre. Ihre Arrangements spicken sie mit einem Rahmenprogramm, in das sie sich vielfach selbst einbringen – von gemeinsamen Wanderungen bis hin zu geführten

Kanutouren; von der eigens für die Gäste angeheizten und mit Kerzen dekorierten Sauna bis hin zu einem kleinen ayurvedischen Wellnessprogramm von Masseurin Karin Füchtener; von kulturellen Veranstaltungen bis hin zu Menüabenden. Beim „Romantik Dinner" beispielsweise tun die Mitarbeiter der „Farchauer Mühle" alles, damit der Abend bei ungewöhnlichen Speisen, liebevoll gestalteter Tischdekoration und romantischem Kerzenschein zu einem unvergesslichen Erlebnis wird. In der alten Wassermühle, deren Geschichte bis auf das Jahr 1582 zurückgeht, ist das Restaurant untergebracht, in dem auch

Spaziergänger zu Kaffee und hausgebackenen Kuchen und Torten oder zum Mittag- oder Abendessen einkehren.

Die Speisekarte hat ihren Schwerpunkt bei regionalen Spezialitäten, allesamt kreativ und stets frisch zubereitet von Chefkoch Franz Prösch und seinem Team: Wild aus hiesiger Jagd, fangfrischer Fisch aus den lauenburgischen Seen und als Besonderheit eine große Auswahl an Forellengerichten. So wie im Jahresverlauf saisonale Gerichte das Angebot bereichern, wird auch die vom Möllner Sommelier Richard Rau zusammengestellte Weinkarte nach Saison ergänzt – in der warmen Jahreszeit um spritzige weiße Sommerweine, im Winter um kräftige Rotweine.

Die malerische Lage des Hauses und Räumlichkeiten für Gesellschaften bis 100 Personen machen es zu einem idealen Veranstaltungsort – für intensive Seminare abseits jeder Alltagshektik ebenso wie für Familienfeiern. Vor allem viele Hochzeiten werden in der „Farchauer Mühle" gefeiert. Sogar aus Schweden oder Frankreich reisten schon ganze Hochzeitsgesellschaften an, um den besonderen Anlass auf diesem besonderen Flecken Erde zu genießen. Neben vielen Hamburgern, die über die Wochenenden der Großstadt entfliehen, kommen Gäste aus aller Welt. „Italiener, die einmal durch Zufall hierher kamen, sind

heute quasi unsere Stammgäste", erzählt das Team Gerber / Sievers, und sie ergänzen: „Solche Geschichten sind einer der vielen Gründe, warum wir das Hotelleben lieben." Vor allem für die gelernte Hotelfachfrau Eva-Maria Gerber war die Übernahme des Betriebs im Jahr 2004 die Erfüllung eines Lebenstraums. Ihren Partner Michael Sievers steckte sie mit ihrer Leidenschaft an. Ein besonders schönes Kompliment sei es gewesen, erzählt dieser, als ein Gast gesagt habe: „Bei Ihnen fühlt man sich nicht bloß wie ein Hotelgast, sondern so, als sei man Ihr persönlicher Gast."

Forelle im Senfkornschmant

Zutaten

3 Zitronen
4 Forellen à ca. 350 g
100 g Zwiebeln
25 g Butter
gehackter Thymian nach Geschmack
25 g Mehl
150 ml Brühe
100 ml Sahne
100 g Schmant
100 g Bacon
Senfkörner
Salz
Weißer Pfeffer

Zubereitung

Forellen mit dem Saft der Zitronen marinieren und salzen.
Für die Soße die Zwiebeln fein würfeln und in Butter glasig dünsten. Thymian zugeben. Mit dem Mehl bestäuben und anschwitzen. Dann mit der Brühe auffüllen und ca. 5 Minuten köcheln lassen. Die Senfkörner zerstoßen und mit dem Schmant unter die Soße ziehen. Diese mit Salz und Pfeffer abschmecken.
Die Forellen in eine feuerfeste Form geben, die Soße darüber verteilen und das Ganze mit dem Bacon belegen. Im Rohr bei ca. 180° C für ca. 20 Minuten garen.
Als Beilage eignen sich Petersilienkartoffeln und ein frischer grüner Salat.

HANSESTADT LÜBECK

Ob kulturhistorisch interessierter Studienreisender oder unbefangener Tourist – in der Lübecker Altstadt wird fast jeder früher oder später zum „Hans guck in die Luft". Immer wieder ziehen die Türme und Dachreiter der Kirchen, senkrecht und manchmal auch windschief emporragende Giebelfronten aus allen Epochen, Maueranker, Tonreliefs und Figuren den Blick nach oben. Manchmal lenkt auch ein Schatten oder die Spiegelung eines Gebäudes in einem Fenster den Blick von der einen Straßenseite auf die andere, hinauf und wieder zurück. Wer sich ein bisschen treiben lässt, der entdeckt neben den in jedem Reiseführer verzeichneten Sehenswürdigkeiten wie Dom, Rathaus oder Holstentor auch die kleinen versteckten Häuser in schmalen Gassen, Gängen und Höfen.

Der Versuch, Lübeck an einem einzigen Tag zu erkunden, ist ähnlich hoffnungslos, wie ganz Europa in einer Woche zu bereisen. Und mehr als 850 Jahre Geschichte lassen sich auch nicht in wenigen Sätzen zusammenfassen.

Wer hier auf Entdeckungsreise gehen möchte, der sollte schon etwas Zeit und vor allem Neugier mitbringen. Denn wie jede alte Stadt steckt auch Lübeck voller Geschichten, Rätsel und Legenden. Ein paar Beispiele? Nun, das geht schon bei den Straßennamen los. Dass am Kohlmarkt nicht Kohl, sondern Kohlen und am Pferdemarkt Pferde gehandelt wurden, das mag man vermuten; dass in der Schmiedestraße die Schmiede, in der Beckergrube die Bäcker und in der Fleischhauerstraße die Fleischer wohnten und arbeiteten, auch. Doch ahnt man ebenso

die sonst üblichen Doppeltürme verzichtete. Doch erzählt man sich auch, dass die Erbauer bewusst je nur einen Turm errichteten, um auf die Symbolik der „Siebenzahl" Roms anzuspielen und so die Bedeutung Lübecks weithin sichtbar herauszustellen. Und nicht zuletzt soll der Stein der Weisen in Lübeck verborgen sein: im ehemaligen Franziskanerkloster St. Katharinen, an dessen Stelle im Jahr 1531 das „Katharineum zu Lübeck", heute ein Gymnasium, gegründet wurde. Was sonst als eine Lehranstalt sollte man an einem solchen Platz auch vorsehen?

Wahrscheinlich ließen sich zu einigen hundert weiterer Plätze auf der von Wasserarmen umschlossenen Lübecker Altstadtinsel Geschichten erzählen, um Geschichte zu veranschaulichen. Denn auf einer Fläche von weniger als 100 Hektar stehen allein über 1 800 denkmalgeschützte Gebäude, die zum Teil bereits im 12. Jahrhundert errichtet wurden.

Nicht selten hört man daher die Formulierung, die historische Altstadt sei eigentlich ein einziges Museum. Und das klingt immer auch ein bisschen wie „angestaubt" und „leblos". Doch ist sie zugleich das pulsierende Zentrum der Stadt – die „City", wie man heute neudeutsch sagt. So beherbergt manches mittelalterliche Gebäude den „Flagship-Store" einer angesagten Modemarke, mancher Renaissancebau ist zugleich die Filiale und das Bürogebäude einer großen Bank. Und gerade in den kleinen Nebenstraßen, in Gängen und Höfen hat sich eine lebhafte Szene rund um Handwerkskunst und Kunsthandwerk angesiedelt und schlägt gekonnt den Bogen zwischen Tradition und Moderne in dieser ungewöhnlichen Stadt, in der es selbst für eingefleischte Fans, und oft auch für die Lübecker selbst, immer noch etwas Neues zu entdecken gibt.

schnell, dass die Engelsgrube nicht von Engeln bevölkert war und in der Alfstraße ganz sicher keine plüschigen Außerirdischen mit langen Rüsseln hausten. Tatsächlich ist die Engelsgrube die Straße, die zur Anlegestelle der Englandfahrer im Hafen führte. Und Alf ist der Graf Adolf, der im Jahr 1143 begann, auf der Halbinsel zwischen Wakenitz und Trave die Stadt Lübeck zu erbauen. Legenden ranken sich auch um die sieben Türme, die die markante Stadtsilhouette ausmachen. Natürlich ist denkbar, dass man bei den letztgebauten Kirchen St. Petri und St. Jakobi schlichtweg aus Geldmangel auf

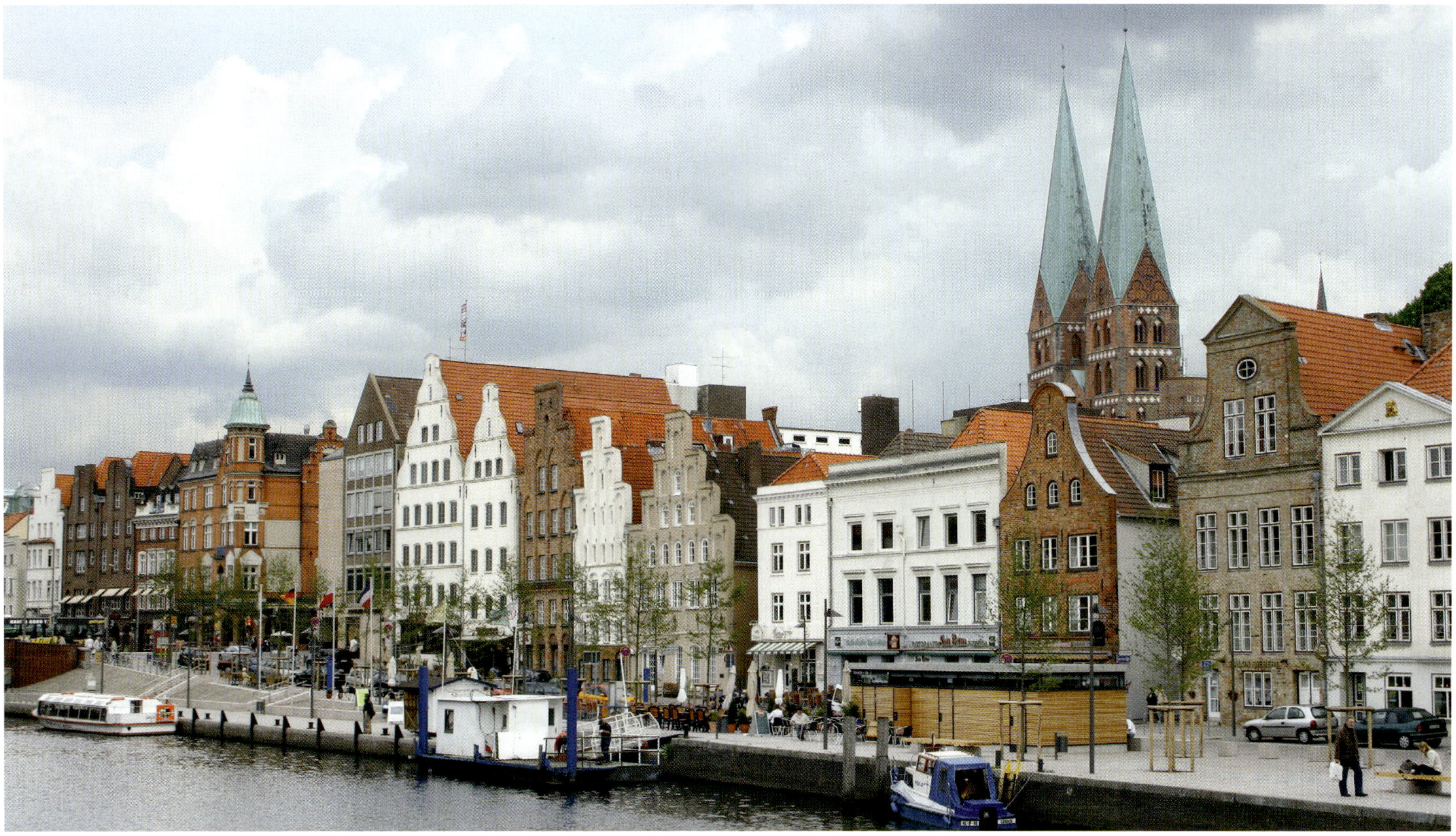

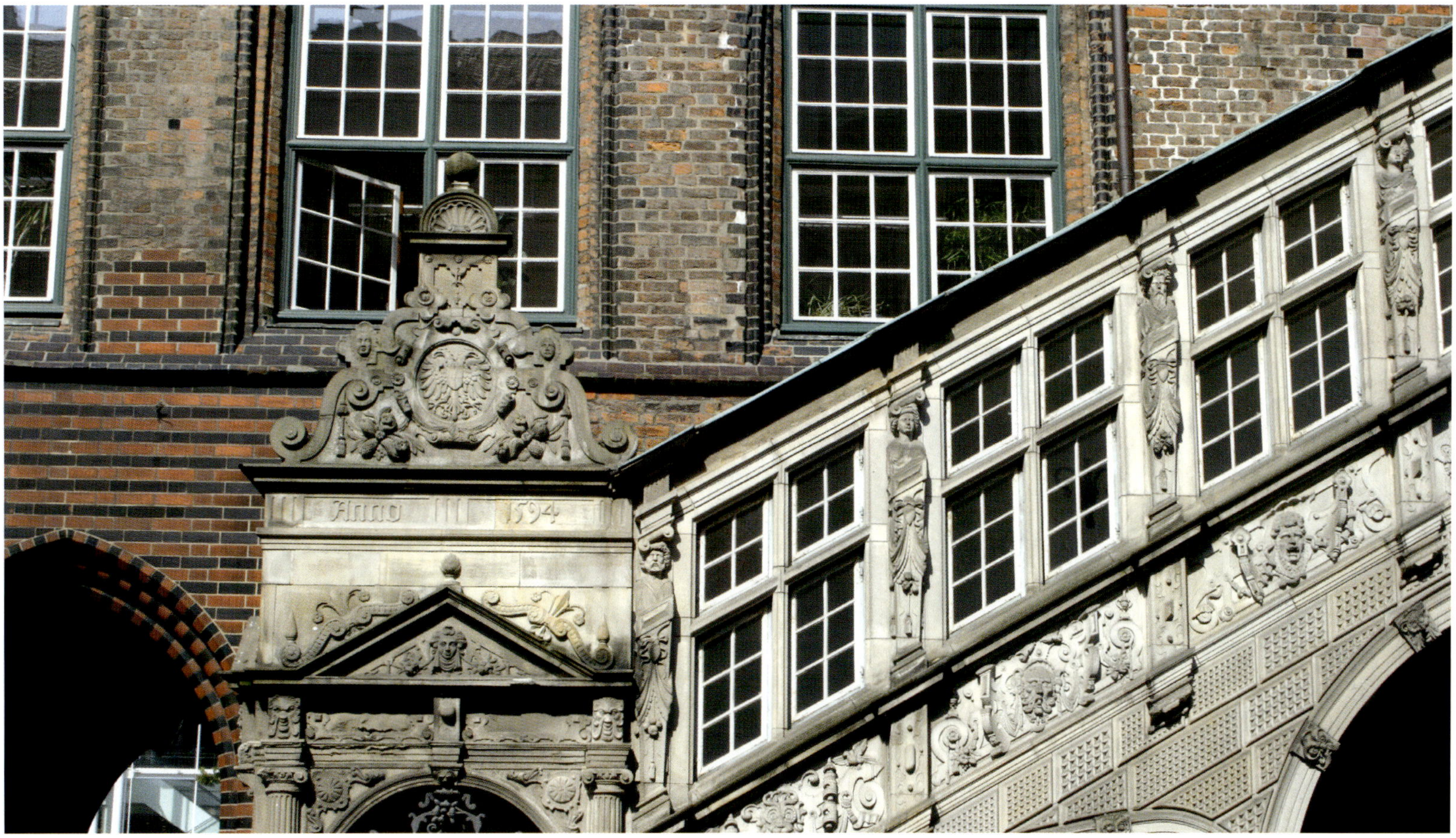
Anno 1594

ROBERTO ROSSI

**Roberto Rossi
im Schabbelhaus zu Lübeck**

Mengstraße 48-52
23552 Lübeck

Telefon 04 51 / 7 20 11
Telefax 04 51 / 7 50 51

www.schabbelhaus.de

Als 1904 der Lübecker Bäcker und Konditor Heinrich Schabbel verstarb, vermachte er sein Vermögen in Form einer Stiftung der Hansestadt Lübeck mit der Auflage, es auf ein Museum zu verwenden, in dem nachfolgende Generationen sich ein Bild von der Lebensart und Wohnkultur der wohlhabenden Kaufleute der wilhelminischen Zeit machen können. Nachdem ein erstes mühsam hergerichtetes Schabbelhaus bei einem Bombenangriff 1942 so zerstört wurde, dass an einen Wiederaufbau nicht zu denken war, erwarb die Stadt in den 1950er Jahren die zwei miteinander verbundenen historischen Häuser Mengstraße 48 und 50. Die finanziellen Mittel zur Sanierung steuerte die Lübecker Kaufmannschaft bei. Aus Museumsbeständen und gespendetem Mobiliar aus alten Lübecker Kaufmannshäusern wurde die Einrichtung zusammengestellt. Ab 1955 wurde das Haus auch gastronomisch genutzt. „Rainhold Voss, der erste Koch hier im Schabbelhaus, kommt noch heute zum Essen zu uns", erzählt Sigrid Rossi nicht ohne Stolz. Sie und ihr aus der Region Emilia-Romagna in Italien stammender Mann Roberto sind seit 1997 Pächter des Restaurants und bieten dem Gast Ungewöhnliches. Denn das „Roberto Rossi" ist nicht etwa ein rein italienisches Restaurant. In der Küche verbindet Roberto Rossi auch traditionelle deutsche Gerichte mit einer mediterranen Leichtigkeit, die den heutigen Essgewohnheiten angepasst ist. Vorspeisen wie „Tafelspitzcarpaccio mit Apfel-Meerrettichmarinade" und Hauptgerichte wie „Lammrücken im Ofen gebraten mit Rosmarin und Knoblauch" erhalten schon durch den Klang ihrer italienischen Namen „Il Carpaccio di Bollito di Manzo con marinata al Rafano e Mele" und „La Schiena d'Agnello al Forno con Aglio e Rosmarino" die besondere Note à la Rossi, die mit der umfangreichen Auswahl an ausgesuchten Weinen aus der Heimat des Kochs unterstrichen und bereichert wird. Bereichert wurde auch der Lübecker Sprachgebrauch – um das Wort „schabbeln" als Synonym für genussvolles Essen. So heißt denn auch die kleine Broschüre mit Neuigkeiten rund um das Schabbelhaus und das Restaurant „Andiamo schabbeln!" – Lasst uns schabbeln gehen! Mario Adorf soll über das „Roberto Rossi im Schabbelhaus zu Lübeck" gesagt haben: „Ich habe immer gut gegessen, überall, aber nie besser."

Gemüselasagne mit Jakobsmuscheln

Zutaten

8 Jakobsmuscheln, aus der Schale gelöst
1 Aubergine
1 Zucchini
1 Artischocke
1 Fenchelknolle
1 Paprika
1 Tomate
Olivenöl
Basilikumblätter
Pepperoncini

Für die Pepperonata

1 Aubergine
1 Zwiebel
2 Paprika
2 Tomaten
Olivenöl
Pepperoncini
Knoblauch
Salz
Pfeffer
Aceto Balsamico
Zucker

Zubereitung

Für die Lasagne von jedem Gemüse je zwei Scheiben pro Person fein schneiden. Die Artischocke bis zum Boden entblättern, die „Wolle" mit einem Löffel herausnehmen, ebenfalls in feine Scheiben schneiden und in Zitronenwasser geben. In einer Pfanne mit Olivenöl die Scheiben nach und nach von beiden Seiten anbraten und anschließend mit Basilikumblättern und Pepperoncini auf ein Blech legen und warm halten. Die Artischockenscheiben kurz abtropfen lassen und ebenfalls anbraten. Alle Gemüsescheiben sollten gar sein, aber nicht zerfallen.
Für die Pepperonata die Aubergine und die Zwiebel in feine Würfel schneiden, Paprika mit einem Sparschäler schälen, die Tomaten häuten und beide ebenfalls fein würfeln. Die Auberginenwürfel in Olivenöl mit Knoblauch und Pepperoncini anbraten, Farbe annehmen lassen. Dann die gewürfelte Zwiebel und schließlich Paprika dazugeben und jeweils kurz mitbraten. Zuletzt die gewürfelten Tomaten hinzufügen. Das Ganze zugedeckt etwa 15 bis 20 Minuten bei geringer Hitze schmoren lassen, bis die Paprika weich ist. Mit Salz, Pfeffer und Aceto Balsamico abschmecken.

Nun die Gemüsescheiben in wechselnder Folge (je zwei Scheiben von jeder Gemüsesorte pro Person) übereinanderschichten und jeweils etwas Pepperonata darauf geben.
Die Jakobsmuscheln in einer heißen Pfanne anbraten und um die Lasagne herum anrichten. Als Sauce eignet sich ein leichter Zitronenschaum.

SCHINKEN NISSEN

Schinken Nissen

Ahrensböker Straße 122
23617 Stockelsdorf

Telefon 04 51 / 49 00 50
Telefax 04 51 / 4 90 05 20

www.schinken-nissen.de

Echte Fachgeschäfte sind selten geworden, reine Familienbetriebe ebenfalls. „Schinken Nissen" in Stockelsdorf ist beides. In der dritten Generation verkauft die Schinkenkate Schinken-, Wurst- und Käsespezialitäten, und das in einer Sortimenttiefe, die ihresgleichen sucht.

1959 gründete Werner Nissen einen Versandhandel für Holsteiner Katenschinken und schickte die begehrte Ware in alle Regionen Deutschlands. Unter seinem Sohn, Hans-Heinrich Nissen, entstand die „Schinkenkate" in Stockelsdorf, die in der ganzen Region ein Begriff ist. Hier wird das Einkaufen von herzhaften Köstlichkeiten zu einem wahrhaften (Geschmacks-)Erlebnis! Donnerstagnachmittags, den ganzen Freitag und am Samstagvormittag lässt der vollbesetzte Parkplatz auf das rege Treiben im Inneren der Kate schließen. Für die individuelle Beratung jedes Kunden steht stets ausreichend Zeit zur Verfügung:

Mehr als ein Dutzend fachkundiger Mitarbeiter, von denen viele schon seit mehreren Jahrzehnten im Betrieb arbeiten, bedienen an vier großen Verkaufstheken. Schinken wird stets frisch von den ganzen Stücken geschnitten, die von der Decke baumeln und an den Wänden hängen. Der Kunde kann sich „seinen" Schinken aussuchen, gegebenenfalls erst ein Stückchen probieren und bestimmen, wie dick die Scheiben geschnitten werden. Viele der herrlichen Spezialitäten werden laufend frisch geschnitten und luftdicht verpackt in den Verkaufsregalen zur Selbstbedienung angeboten. Wer nicht persönlich kommen kann, bestellt telefonisch oder im firmeneigenen Webshop aus dem Kernsortiment. Auf diese Weise nehmen auch viele Ostsee-Urlauber Schinken Nissen als Urlaubserinnerung mit in ihre Heimat fern der Küste.

Ob spanischer Serrano, italienischer Culatello oder Graubündner Fleisch aus der Schweiz, ob Wild- oder Lammschinken – alles, was das Herz des Schinkenliebhabers begehrt, ist bei Schinken Nissen zu haben. Natürlich darf bei aller Vielfalt der traditionelle Holsteiner Katenschinken nicht fehlen – es gibt ihn von mild bis herzhaft. Besonders beliebt ist er in der Geschmacksrichtung „Seeluft, würzig", bei der der Schinken nach der Räucherung noch einen Monat lang an der frischen, kühlen Ostseeluft nachreift.

Die Produktion von „Nissens echtem Holsteiner Katenschinken" erfolgt in bewährter Zusammenarbeit mit verlässlichen Erzeugern. Beste Schweinehinterschinken werden von Hand gesalzen

und nach Kätner Art geräuchert. Alle
Schinken, die der Betrieb zukauft, auch die
internationalen Spezialitäten, werden im
ganzen Stück bezogen, damit das feine
Aroma erhalten bleibt. Die enge Zusammenarbeit mit den Produzenten ist wichtig,
denn das über allem stehende Credo ist die
konstante Gewährleistung höchster
Qualität.

Zum Schinken gesellen sich feine hausgemachte Salate, frisches Fleisch von ausgesuchten Bio-Betrieben sowie Wurstspezialitäten aller Art. Allein 60 Mettwurst-
sorten führt Schinken Nissen, daneben
sämtliche Klassiker von A wie Aalrauch-
streichmettwurst bis Z wie Zungenwurst,
internationale Spezialitäten und noch
Vieles mehr.

Für die Vielfalt der Käsetheke zeichnet
Ehefrau Traute Nissen verantwortlich, deren
Großvater Meierist war. Aus ihrer Heimat,
der Westküste Schleswig-Holsteins, wurden
die ersten Sorten Käse bezogen, die
Schinken Nissen vor gut 25 Jahren ins
Programm aufnahm. Schleswig-Holsteinische Käsesorten aus kleinen Feinkäsereien
bilden nach wie vor einen Schwerpunkt,
aber das Käsesortiment ist inzwischen auf
gut 200 Spezialitäten aus ganz Europa
angewachsen. Und Traute Nissen hat merk-
lich Spaß daran, immer wieder ungewöhnliche Sorten ausfindig zu machen. Vor
allem solche, die sie „Naschkäse" nennt –
würzige Käse, die am besten „solo" abends
zum Glas Wein schmecken. „Das ist voll-
endeter Genuss!", sagt sie begeistert.

Juniorchef Fridtjof Nissen möchte das
Geschäft in der dritten Generation fortfüh-
ren. Er soll, gefragt, was er denn mal werden wolle, wenn er groß sei, schon als
Knirps geantwortet haben: „Chef von
Schinken Nissen!" Zielstrebig absolvierte er
eine Ausbildung zum Fleischer und wurde
nach seinem Abschluss Landessieger beim
Leistungswettbewerb der Handwerksjugend.
Die Fortführung des Familienbetriebs ist
also gesichert, sodass Schinken Nissen
seine Kunden noch viele Jahre lang kulinarisch verwöhnen wird.

RESTAURANT-CAFÉ OLIVE

Restaurant-Café Olive

Am Kurpark 3
23611 Bad Schwartau

Telefon 04 51 / 28 36 82
Telefax 04 51 / 28 36 82

www.olive-badschwartau.de

Direkt am Kurpark, eingebettet in die Holstein-Therme, liegt das „Restaurant-Café Olive".

Wenn man im Sommer auf der Terrasse Platz nimmt, um in der „Olive" zu speisen oder einen Kaffee zu trinken, dann kommen beim Blick auf den Außenpool der Therme Urlaubsgefühle auf. Inhaber Reiner Post schätzt diese besondere Atmosphäre. Seit 18 Jahren betreibt der Westfale das Restaurant.

Nach Schleswig-Holstein verschlug es ihn, nachdem er seine heutige Frau, eine gebürtige Lübeckerin, kennengelernt und sich ihr zuliebe zu einer Saison in einem Betrieb in der Lübecker Bucht entschlossen hatte.

Kurz darauf wurde der Küchenmeister, der zuvor schon in einigen der besten Häuser Deutschlands gearbeitet hatte, angesprochen, ob er nicht die Küche der „Orangerie" des neu gebauten Maritim Seehotels in Timmendorfer Strand übernehmen wolle. Post willigte ein.

Zehn Jahre später schaffte er sich mit der Eröffnung des eigenen Betriebs, der „Olive", einen noch größeren Gestaltungsspielraum. Die tägliche Herausforderung und die Möglichkeit, die eigene Kreativität auszuleben, sind das, was ihn antreibt. „Man muss das leben, man darf es nicht als Arbeit betrachten", sagt er. Die wechselnde Speisekarte ist saisonal ausgerichtet.

Post setzt auf frische Produkte und eine hohe Qualität durch ausgesuchte Lieferanten, mit denen er schon viele Jahre zusammenarbeitet. Jahrelange Bindungen sind auch für das Personal der „Olive" kennzeichnend. Souschefin Jana Reinhold hat ihr Handwerk bei Reiner Post gelernt und ist dem Betrieb seither treu geblieben.

Das Feinkostgeschäft „Post Käse und Weine" in der Bad Schwartauer Kurpassage entstand bereits einige Jahre vor der „Olive" und ist heute das Refugium von Sabine Post. Es gilt mit seiner reichhaltigen Auswahl an Weinen aus aller Welt und den dazu passenden Käsen – zum Teil Zubereitungen aus eigener Herstellung – als eines der Besten seiner Art in Deutschland. Wie sich die beiden Betriebe ergänzen, zeigt sich vor allem im „Kulinarischen Kalender". Regelmäßig werden Menüs mit fein abgestimmten Weinen angeboten, z.B. unter dem Motto „Bordeaux trifft Ostholstein" oder „Piemont & Toskana im hohen Norden". Solcherlei Veranstaltungen locken Gourmets von weit her in das Restaurant, dessen Lage mitten in der Holstein-Therme nicht zuletzt auch die Kurgäste sehr zu schätzen wissen.

Weißwurst von Meeresfrüchten mit Beluga-Linsen auf Rote-Beete-Carpaccio
(für 6 Personen)

Zutaten

250 g Zanderfilet
250 g Crème fraîche
150 g Büsumer Krabben
100 g Lachsfilet
100 g Friséesalat
Salz
Pfeffer
1 Eiweiß
5 cl Pernot
100 g Beluga-Linsen
200 g Schweinenetz
(beim Schlachter vorbestellen)
1 Bund Schnittlauch
2 EL grober Dijon-Senf
500 g Rote Beete
5 g frischer Koriander
200 ml Fischfond
5 EL Rapsöl
3 EL Rotweinessig
1 TL Zucker
1 EL Rübenkraut
1 EL Butterschmalz

Zubereitung

Aus Zanderfilet, Eiweiß, Salz, Pernot, 200 g Crème fraîche in der Küchenmaschine eine Farce bereiten. In Röllchen geschnittenes Schnittlauch, fein gewürfeltes Lachsfilet und gepulte Krabben unterheben.

Das Schweinenetz gut wässern und auf Küchenkrepp trockenlegen. Mit einem Spritzbeutel kleine Würstchen auf das Netz formen und je leicht einwickeln. Die Würstchen bei 90 °C etwa 5 Minuten pochieren, gut abtropfen lassen und in Butterschmalz leicht braten.

Fischfond zur Hälfte reduzieren, Dijon-Senf einrühren, mit der restlichen Crème fraîche montieren und abschmecken.

Rote Beete mit Koriander in der Schale kochen, schälen, in dünne Scheiben schneiden und auf einem Teller auslegen.

Von Rapsöl, Rotweinessig, etwas Salz, dem Zucker und dem Rübenkraut eine Vinaigrette bereiten. Salat waschen, trockenlegen und in der Tellermitte anrichten.

Beluga-Linsen etwa 18 Minuten knackig kochen und dann mit etwas Vinaigrette marinieren.

Die leicht gebräunten Würstchen auf dem Friséesalat anrichten. Mit Dijon-Senfsauce und den Beluga-Linsen anrichten.

COLUMBIA HOTEL CASINO TRAVEMÜNDE

Columbia Hotel Casino Travemünde

Kaiserallee 2
23570 Lübeck-Travemünde

Telefon 0 45 02 / 30 80
Telefax 0 45 02 / 30 83 33

www.columbia-hotels.de

Kevin Fehling, Chef de Cuisine im Gourmet-Restaurant „La Belle Epoque" im „Columbia Hotel Casino Travemünde", darf schon seit einigen Jahren als der Jung-Star unter den schleswig-holsteinischen Spitzenköchen gelten. 15 Punkte war seine Leistung den Testern des Gault Milleau im Jahr 2007 wert, doch der Wohlfahrt-Schüler sagt von sich selbst, er habe „den Ehrgeiz, jeden Tag noch besser zu werden". Man darf also wohl noch viel erwarten, zumal sich auch das Restaurantteam unter der Leitung von David Eitel und Sommelier Martin Pechloff dieser Zielsetzung verschrieben haben.

Die Küche der „La Belle Epoque" beruht auf der klassischen französischen Küche, die Fehling und sein Team kreativ, modern und jung interpretieren. „Als Koch arbeitet man einfach gern mit Neuem", sagt der Maître.

Zur Auflockerung wagt er deshalb auch mal einen Ausflug in die von Ferran Adrià populär gemachte Molekularküche. Doch vor allem will Fehling dem eigenen Stil treu bleiben und diesen weiterentwickeln. Und wenn er sagt: „Die Qualität muss immer stimmen!", dann liegt die Betonung vor allem auf dem Wort „immer".

„Die Kontinuität in der Küchenleistung gibt ein Qualitätssignal für das ganze Haus. Und die Kontinuität des Hauses gewährleistet umgekehrt den Rahmen, in dem Herr Fehling arbeitet", ergänzt Katrin Hosbein, die das „Columbia Hotel Casino Travemünde" seit Juli 2006 zusammen mit ihrem Mann Ralph leitet. Das stilvolle Luxushotel mit seiner traumhaften Lage an der Travemünder Strandpromenade verfügt über 73 Zimmer und Suiten, einen wunderschönen historischen Ballsaal von 1914, ein umfangreiches Wellnessangebot im „Columbia beauty & spa", vielfältige Sportangebote mit einem Schwerpunkt im Bereich Golf und vieles mehr, das einen Aufenthalt in jeder Hinsicht zu einem Genuss macht.

Mit zwei weiteren Restaurants neben der „La Belle Epoque" deckt das Haus kulinarisch alle Bereiche der modernen Küche ab. Einen „mediterranen Crossover-Stil mit asiatischem Touch" kreiert Küchenchef Sascha Dietrich im Restaurant „Il Giardino". Eine regionale Küche und vor allem viel fangfrischen Fisch serviert man im Restaurant „Fischmarkt". Hinzu kommt noch das Café „kaffeehouse", die Bar „Seven C's Club" sowie der „Pavillion am Meer".

Geröstetes und Carpaccio von Langostinos mit Avocadostampf und Waldmeistercreme

Zutaten

Für das Carpaccio
8 frische Langostinos (8/12)
Zitronensaft von 1 Zitrone
3 EL Olivenöl
Meersalz gemahlen, weißer Pfeffer

Für das Avocadostampf
2 reife Avocados
Olivenöl
Cayennepfeffer
Limonensaft
1 Spritzer Tabasco
Meersalz

Für die Waldmeistercreme
140 ml Milch
110 g Crème fraiche
10 g Waldmeister, getrocknet
Salz
Pfeffer aus der Mühle

Zubereitung

Langostinofleisch aus dem Panzer lösen. 4 Stück für einen späteren Zeitpunkt zurücklegen. Die anderen der Länge nach halbieren und den Darm entfernen. Das Fleisch gleich-mäßig in einem Vakuumbeutel auflegen und mit einem Plattiereisen behutsam dünn klopfen, dann gefrieren. Aus dem Tiefkühlfach nehmen und mit einem Metallring von 12 cm Durchmesser ausstechen. Olivenöl mit Zitronensaft verrühren und die Teller mit der Marinade bestreichen. Das Carpaccio gefroren auf die Teller setzen und die Oberfläche ebenfalls mit der Marinade bestreichen. Mit gestoßenem Meersalz und weißem Pfeffer aus der Mühle würzen.

Das Avocado-Fruchtfleisch in einer Schüssel mit einer Gabel leicht zerdrücken. Mit Olivenöl und Limonensaft marinieren und mit den restlichen Gewürzen abschmecken. Die Milch auf 60 °C erhitzen, den getrockneten Waldmeister zugeben und 7 Minuten ziehen lassen, Milch passieren. Crème fraiche zugeben und mit den Gewürzen abschmecken.

Die Waldmeistercreme um das Carpaccio verteilen, Avocadostampf in der Mitte mit einem kleinen Ring anrichten. Die verbliebenen Langostinos in einer Pfanne mit geklärter Butter von beiden Seiten gold-gelb braten, und mit Salz und Pfeffer würzen und darauf setzen.

Erhältlich sind Zigarren und Zigarillos aus der ganzen Karibik mit einem Schwerpunkt auf kubanischen Preziosen. Als eines von etwa fünfzig Tabakfachgeschäften in Deutschland darf der Betrieb den Titel „Habanos Spezialist" führen.

Beim Pfeifentabak bietet „Smokers Corner" neben den klassischen Handelsmarken ein umfangreiches Hausmarkensortiment an, das alle Geschmacksrichtungen abdeckt. Daneben werden auch schottischer Malt-Whisky und karibischer Rum verkauft. Diese vielleicht etwas ungewöhnliche Kombination erklärt Michael Derlin so: „Rauchgenuss und Trinkgenuss sind zwei Dinge, die sich ergänzen."

Mit seinem Geschäft verfolgt er auch die Idee einer kleinen Lounge, gleichsam einem Raum zum Genießen und Probieren. Rund um die Themen Tabak, Malt Whisky und Rum organisiert er Veranstaltungen für Stammgäste und Interessierte, von Whisky-Tastings bis hin zu Abenden unter dem Motto „Smoke & Dine" in Zusammenarbeit mit Lübecker Restaurants.

Tabakgenuss ist für Michael Derlin Leidenschaft. Dabei ist es ihm ein Anliegen zu betonen, was er unter Genuss versteht: „Weder Tabak noch Spirituosen sind für den Massenkonsum gedacht. Genussvoll heißt dosiert."

1998 stattete er ein kleines Ladenlokal in der Beckergrube mit einem begehbaren Humidor aus und eröffnete zusammen mit Ehefrau Andrea „Smokers Corner". „Ich sah in Lübeck das Potenzial für ein echtes Tabakfachgeschäft", erinnert sich Derlin. Zu Recht, denn hochwertige Zigarren liegen in den letzten Jahren wieder voll im Trend und sprechen eine breite Zielgruppe an. Um ihre Kunden in die „Welt des Tabakgenusses" mitzunehmen, ist den Derlins vor allem eine fundierte Beratung wichtig. Die beginnt beim Erspüren des individuellen Geschmacks und der Wahl der passenden Sorte und schließt eine Anleitung zum genussvollen Rauchen sowie Tipps zur Handhabung, Aufbewahrung und Wahl des richtigen Zubehörs mit ein. Zum Probieren stellt „Smokers Corner" gern auch eine kleine Auswahl verschiedener Zigarren aus dem breiten Sortiment zusammen.

Smokers Corner

Beckergrube 80
23552 Lübeck

Telefon 04 51 / 7 06 22 28
Telefax 04 51 / 7 06 22 29

www.smokers-corner.de

Was in den einschlägigen Enzyklopädien über die Ostsee zu lesen ist, ist auf den ersten Blick wenig schmeichelhaft. Es handle sich um „eines der größten Brackwassermeere der Welt" steht dort geschrieben. Wer nun vom Band „N – P" zum Band „A – B" greift und unter „Brackwasser" nachschlägt, der atmet auf: Unter Brackwasser versteht die Wissenschaft Wasser mit einem Salzgehalt von etwa 0,05 bis 3,0 Prozent. Wasser mit einem geringeren Salzgehalt nennt man Süßwasser, solches mit einem höheren Salzwasser. Warum das Wasser stellenweise einen so geringen Salzgehalt hat, wird schnell klar, wenn man die Ostsee als Ganzes betrachtet. Sie ist ein Binnenmeer, ein Untermeer der Nordsee und nur über eine schmale Wasserstraße mit dieser und somit mit dem Atlantischen Ozean verbunden. Über zahlreiche Flussmündungen mischt sich zudem Süßwasser ein.

Mit der Binnenlage geht auch eine geringe Tide einher. Der Unterschied zwischen Ebbe und Flut beträgt nur wenige Zentimeter. Dies und der sanfte Wellengang machen die schleswig-holsteinische Ostseeküste seit jeher zu einem der beliebtesten innerdeutschen Reiseziele für den Strandurlaub mit der ganzen Familie. Nicht selten sind diejenigen, die heute mit ihren Kindern hier Urlaub machen, ihrerseits schon als Kinder mit ihren Eltern in einen der Ferienorte gereist, die sich wie die viel zitierten „Perlen an der Schnur" entlang der Lübecker Bucht aufreihen – von Timmendorfer Strand über Scharbeutz, Haffkrug und das kleine Sierksdorf, Neustadt und die Bäder Pelzerhaken und Rettin, Grömitz, Kellenhusen und Dahme bis hinauf nach Großenbrode an der Nordspitze des Festlands. Überall findet der Urlauber Strände mit feinem Sand, die flach ins Meer abfallen. Neben den weißen Segeln der Boote auf dem Wasser prägen die bunt gestreiften Markisenstoffe der Strandkörbe, die gegen den Wind und allzu viel Sonne schützen, das typische Bild der Ostseeküste. Dazwischen verbreiten planschende Kinder mit knallorangefarbenen Schwimmflügeln, Muschelsucher und Sandburg-Bauherren, Beachvolleyballer und Schlauchbootkapitäne ausgelassene Ferienstimmung.

Über die Fehrmarnsundbrücke gelangt man nördlich von Großenbrode weiter auf die Insel Fehmarn. Der Bau der Brücke schloss im Jahr 1963 die „Vogelfluglinie", die einerseits das Teilstück Lübeck – Puttgarden der Europatrasse E4, andererseits die parallel verlaufende Eisenbahnlinie bezeichnet und sich ab Fehmarn in einer Fährverbindung ins dänische Rødbyhavn fortsetzt. Der Begriff „Vogelfluglinie" greift die naturkundliche Bedeutung der Region auf. Denn an der Nordspitze Ostholsteins erreichen die aus Nordrussland oder Skandinavien einfliegenden Zugvögel erstmals das Festland. Der Ausbau der Strecke war ab den 1920er Jahren vor allem aus wirtschaftlichen Erwägungen forciert worden. Man wollte eine kurze und bequeme Verbindung zwischen dem europäischen Westen und den drei skandinavischen Ländern sowie Finnland schaffen. Fehmarn, die einzige Ostseeinsel Schleswig-Holsteins, wurde durch sie touristisch erst richtig erschlossen, da die mühselige Überfahrt mit der kleinen Fähre ab Großenbrode entfiel. Urlauber von weither lernten es als einen der regenärmsten und mit weit über 2000 Sonnenstunden im Jahr sonnenreichsten Flecken Deutschlands mit ungemein sauberer und klarer Luft schätzen.

Die Fehmarner sind stolz auf ihre Insel, die platt wie eine Flunder im Meer liegt. Beinahe wie ein eigener Erdteil erschien sie ihnen vor dem Bau der Brücke, und noch heute sprechen sie von einer „Reise nach Europa" wenn sie diese in Richtung Festland überqueren.

Auf den ersten Blick ist Hiltrud Hillers „Confiserie & Kaffeehaus" ein beschauliches Straßencafé. Nahe der Rotunde, gleich beim Seepferdchenbrunnen genießt man an der frischen Luft bei einem Kaffee und einem Stück Torte den Blick auf die Flaniermeile von Timmendorfer Strand – die Kurpromenade.

Doch darüber hinaus ist das kleine Geschäft, das sich dahinter verbirgt, ein Mekka für die Liebhaber feinster Confiserie-Erzeugnisse. Die Regale sind gefüllt mit Pralinen wie Zitronentrüffel oder solchen mit klingenden Namen wie „Die Himmlischen"; mit Schokoladen mit einem Kakaoanteil von 28 – 99 Prozent und mit teils exotischen Zutaten wie Rosenöl, Jalpeno-Chili oder Meersalz aus der Bretagne; mit Marzipan, Gebäck und Vielem mehr. Die Erzeugnisse in den Auslagen kommen überwiegend von der Firma Leysieffer, jenem bekannten Familienunternehmen mit beinahe 100-jähriger Tradition, das für höchste Qualität in Confiserie- und Konditoreispezialitäten

bürgt. Und wenn Inhaberin Hiltrud Hiller ihre Kunden berät, dann kann es schon mal vorkommen, dass sie über eine Schokolade oder Pralinen aus ihrem Sortiment derart ins Schwärmen gerät, dass jedem Zuhörer das Wasser im Munde zusammenläuft. Zur Ergänzung des Angebots sucht und findet die vom Bodensee stammende „Wahl-Timmendorferin" immer wieder besondere Spezialitäten, wie edle Brände und Liköre aus dem Hause Etter, ausgewählte Weine oder Champagner wie „De Saint Gall". Alles zusammen stellt einen Fundus kulinarischer Geschenkideen dar, bei deren Zusammenstellung das „Confiserie & Kaffeehaus"-Team gern berät. Und natürlich spricht nichts dagegen, die süßen Verführungen genauso wie die angebotenen Kuchen, Torten und Kaffee- oder Teespezialitäten gleich hier im Kaffeehaus, bevorzugt an einem der Plätze vor dem Geschäft, in entspannter Atmosphäre zu genießen.

Confiserie & Kaffeehaus

Kurpromenade 12
23669 Timmendorfer Strand

Telefon 0 45 03 / 55 54
Telefax 0 45 03 / 26 92

LANDHAUS CARSTENS

Landhaus Carstens

Strandallee 68
23669 Timmendorfer Strand

Telefon 0 45 03 / 60 80
Telefax 0 45 03 / 6 08 60

www.landhauscarstens.de

Was kommt heraus, wenn einer der Spitzenköche der Region zusammen mit seiner Frau, einer versierten Hotel- und Restaurantfachkraft, die Leitung eines traditionsreichen und direkt am Strand gelegenen Hotels im Ostseebad Timmendorfer Strand übernimmt? Ein Haus zum Wohlfühlen, Entspannen und Genießen – für den Erholung suchenden Urlauber ebenso wie für die Teilnehmer von Seminaren in der zum Unternehmen gehörenden „Dependance" gleich auf der anderen Straßenseite. Das "Landhaus Carstens", seit Mitte 2007 unter der Leitung von Marianne und Josef Dobler, verfügt über 30 Zimmer und drei Suiten, allesamt geschmackvoll und komfortabel im Landhausstil eingerichtet. Ein Wellnessbereich mit Sauna, Solarium, Whirlpool und Schwimmbad mit ungechlortem Wasser, sowie ein breites Angebot an Beauty- und Wohlfühl-Behandlungen sorgen auch dann für Entspannung, wenn das Wetter einmal den Strandbesuch nicht unbedingt nahelegt. Und gleich drei Restaurants, allesamt unter der Regie von Küchenchef Josef Dobler, laden zum Genießen ein.

Im rustikal eingerichteten „Alten Brauhaus" serviert das Haus abends deftige Holsteiner Klassiker zum frisch gezapften Bier. Eine leichte Bistroküche um die Mittagszeit und abends eine vielseitige, frische Küche nach Saison bietet die wechselnde Speisekarte des „Landhaus Restaurants". Anklänge von Holstein über die Mittelmeerregion bis Asien, hochwertige Zutaten und ungewöhnliche Zubereitungsformen lassen die Handschrift Josef Doblers erkennen. Kulinarische Genüsse auf Spitzen-Niveau zaubert der vielfach ausgezeichnete Koch im „Doblers im Landhaus", dem Gourmetrestaurant im „Landhaus Carstens". Der persönliche Kochstil Doblers liegt in der Verwendung außergewöhnlicher Produkte von höchster Qualität und in der „Klarheit auf dem Teller", wie er es selbst formuliert. Sein Ziel: „Etwas ganz Besonderes zu bieten. Etwas, das man sonst nirgends bekommt." Mit ihren Empfehlungen aus der mehr als 180 Positionen umfassenden Weinkarte sorgt Marianne Dobler für die optimale Ergänzung zu jedem Gericht. Bei schönem Wetter lädt zudem der großzügige Garten bei Speisen aus den Küchen des Hauses oder bei Kaffee und hausgebackenem Kuchen zu jeder Tageszeit zum Verweilen ein. Licht und doch lauschig hat dieser besondere Ort vor allem an lauen Sommerabenden bei Kerzenschein ein beinahe mediterranes Flair. Auch hier lautet die Aufforderung an den Gast: einfach wohlfühlen, entspannen und genießen!

Salzwiesenlammrücken in der Thymianblütenkruste auf Peperonata und Trüffeljus

Zutaten

Lamm und Jus
1,5–2 kg Lammrücken
100 g Butter
2 Scheiben Toastbrot
1 Thymianzweig
1/2 l Rotwein
1 Knoblauchzehe
4 Schalotten
2 Karotten
Trüffel
Senf
etwas Tomatenmark

Peperonata
je 1 rote, gelbe und grüne Paprika
8 Kirschtomaten
Basilikum
Rosmarin
Olivenöl
Fleur de Sel

Zubereitung

Den Lammrücken auslösen, von allen Seiten anbraten und im Backofen bei 120 °C für 16–18 Minuten garen. Vom Toastbrot die Rinde entfernen, fein hacken und mit fein gewürfeltem Knoblauch, Thymian und Salz zur Butter geben und vermengen. Den Lammrücken mit Senf bestreichen, die Thymianbutter darauf verteilen und goldgelb überbacken.

Für die Jus die ausgelösten Knochen anbraten, grob gewürfelte Schalotten und Karotten dazugeben, Tomatenmark mit anrösten und schließlich mit Rotwein ablöschen.

Das Ganze reduzieren und anschließend mit Lammfond aufgießen. Soße nochmals reduzieren, passieren, etwas kalte Butter einrühren, abschmecken und fein gehackten Trüffel dazugeben. Für die Peperonata die Paprika schälen, in Rauten schneiden und mit den Kirschtomaten im Öl sautieren. Die Kräuter dazugeben und würzen. Peperonata auf die Tellermitte geben, darauf das Lamm legen und mit der Trüffeljus umgießen.

ORANGERIE IM MARITIM SEEHOTEL

**Orangerie
im Maritim Seehotel**

Strandallee 73
23669 Timmendorfer Strand

Telefon 0 45 03 / 6 05 24 24
Telefax 0 45 03 / 6 05 24 50

www.orangerie-timmendorfer-strand.de

Die „Orangerie im Maritim Seehotel" in Timmendorfer Strand gilt als das kulinarische Aushängeschild der Maritim-Gruppe. Seit 1990 ist sie die Wirkungsstätte von Lutz Niemann, dessen kreative Küche dem Gourmetrestaurant 1994 den begehrten Michelin-Stern einbrachte, der seither Jahr für Jahr bestätigt wird. Prägend war für Lutz Niemann unter anderem die Begegnung mit Harald Wohlfahrt – damals Vorbild, heute ein Freund – der 1990 als Gastkoch im Rahmen des Schleswig-Holstein Gourmet-Festivals in die Orangerie kam und sich zu dieser Zeit bereits den zweiten Stern erkocht hatte.

Der eigene Stern, so Niemann, sei ihm vor allem ein Ansporn und eine Auszeichnung für Engagement und Leistung. Die fordert der Maître auch von der gesamten Küchen-mannschaft, der die Gäste aus der 2006 neu und in hellen Farben gestalteten Orangerie in der offenen Küche bei der Arbeit zuschauen können.

Niemanns Küche will nicht so recht in eine Schublade passen. Regionale Anklänge finden sich ebenso in der wechselnden Speisekarte wie orientalische Einflüsse. Dabei versucht er, weniger den aktuellen Trends zu folgen, als vielmehr ein eigenes Profil zu gewinnen. Oberste Priorität hat für ihn die optimale Behandlung der Zutaten, damit deren natürlicher Geschmack voll zur Geltung kommt. Unterstrichen wird dieser vom passenden Wein, den Restaurantleiter und Sommelier Ralf Brönner aus der rund 450 Positionen umfassenden Weinkarte empfiehlt.

Coquilles Saint Jaques und Langustino auf orientalischem Gemüse-Couscous mit Granatapfelsirup

Zutaten

6 Jakobsmuscheln, aus der Schale gelöst
4 Langustinen, aus der Schale gelöst und geputzt
Salz
Olivenöl
Backpapier
100 g Couscous
100 ml Geflügelbrühe
1 Knoblauchzehe, fein geschnitten
40 g rote Zwiebeln, fein gewürfelt
40 g Aubergine, fein gewürfelt
40 g Paprika rot, fein gewürfelt
40 g Paprika gelb, fein gewürfelt
40 g Ananas, fein gewürfelt
40 g Lauchzwiebeln, in feinen Ringen
1 EL Pistazien, Pinienkerne, Cashewnüsse und
Mandeln, grob gehackt
3 EL Blattpetersilie, in feine Streifen geschnitten
1 EL Koriander, in feine Streifen geschnitten
1/2 TL Minze, in feine Streifen geschnitten
Raz el Hanout (Sieben-Gewürz-Mischung)
1 Granatapfel
30 g Zucker
1 TL Honig
1/2 TL Stärke
Zimt

Für das Gewürzsegel
2 Blatt Filoteig
1 EL Butter
Currypulver
Raz el Hanout
Zimt
Sesam schwarz und weiß

Zubereitung

Jeweils 1,5 Jakobsmuschelkerne in dünne Scheiben schneiden und überlappend auf einen zugeschnittenen Papierstreifen (8 x 2 cm) legen. Couscous trocken unter ständigem Rühren in einer Pfanne bei mittlerer Hitze rösten, bis er rötlich-goldbraun wird. Geflügelbrühe zum Kochen bringen, Herd abschalten, Couscous einrühren und ca. 7 Minuten quellen lassen. Couscous in eine Schale geben, leicht salzen, bis zum Erkalten gut durchmischen, damit er nicht zusammenklebt. Zum Schluss einige Tropfen Olivenöl unterziehen.
Knoblauch, Zwiebeln, Ananas und alle Gemüse in etwas Olivenöl anschwitzen, vorbereiteten Couscous zugeben und mit Salz und Raz el Hanout abschmecken. Die gehackten Nüsse und die Kräuter untermischen.
Granatapfel aufschneiden, einige Kerne herauslösen und zur Garnitur beiseitestellen. Saft aus den Granatapfelhälften mithilfe einer Orangenpresse auspressen. Die Stärke mit etwas Granatapfelsaft anrühren.
Den Zucker leicht karamellisieren, mit Granatapfelsaft ablöschen und bei milder Hitze den Zucker wieder auflösen. Honig und eine Prise Zimt dazugeben und gegebenenfalls mit etwas Stärke binden.

Die Langustinen salzen und in einer beschichteten Pfanne mit Olivenöl ca. 2 Minuten kräftig anbraten, herausnehmen und warmstellen. Jakobsmuscheln auf dem Papier zuerst auf der Muschelseite in die heiße Pfanne geben, nach 30 Sekunden mitsamt dem Papier wenden, leicht salzen und fertig garen.
Für die Garnitur die Filoteigblätter mit der Butter einpinseln, mit den Gewürzen einpudern und übereinanderlegen. Mit einem scharfen Messer vierteln und daraus jeweils gleichmäßige Rechtecke falten. Nochmals mit Butter bestreichen und mit dem Sesam bestreuen, quer halbieren und die daraus entstandenen Segel bei 160 °C im Ofen ca. 3 Minuten backen.
Couscous länglich auf vorgewärmten Tellern anrichten, die Jakobsmuscheln vorsichtig vom Papier heben und jeweils mit einem Langustino belegen, mit dem Granatapfelsirup umgießen. Mit dem Gewürzsegel und Granatapfelkernen dekorieren.

HOTEL MARIS & RESTAURANT MUSCHEL

den wollte, und bis heute bildet fangfrischer Ostseefisch in seinen Kreationen einen Schwerpunkt. Seine Ausbildung absolvierte er in der „Orangerie" im Maritim Seehotel am Timmendorfer Strand, wohin es ihn nach seinen Wanderjahren zurückzog. Er war Souschef von Lutz Niemann, als das Haus den begehrten Michelin-Stern erhielt. Nach gut zehn Jahren entschloss er sich schließlich, zusammen mit Ehefrau Konni ein eigenes Restaurant zu eröffnen. Sein Bestreben dabei formuliert er so: „Eine hochwertige Küche für jedermann. Bezahlbar und unverkrampft. Was die Speisekarte zu bieten hat, ist ein Spagat von Brathering bis Hummer." Hier und da streut Häberle mediterrane oder auch asiatische Anklänge ein. Auch traditionelle Speisen kommen bei ihm angenehm leicht und gleichsam entstaubt

Hotel Maris

Strandallee 10
23683 Haffkrug

Telefon 0 45 63 / 4 27 20
Telefax 0 45 63 / 42 72 72

www.hotelmaris.de

Restaurant Muschel

Strandallee 10
23683 Haffkrug

Telefon 0 45 63 / 42 28 03
Telefax 0 45 63 / 42 28 04

www.gourmetguide.com/restaurant_muschel

Jörg Haeck, Inhaber des Hotels „Maris", und Jens Häberle, Inhaber des Restaurants „Muschel", haben mehr gemeinsam als die Adresse ihres Betriebs an der kürzlich modernisierten Haffkruger Strandpromenade. Für beide ist die Lage am Ostseestrand gleichsam mit kulinarischen Kindheitserinnerungen verwoben. Haeck half schon als Kind an den Wochenenden und in den Ferien im Café seiner Tante Alma am heutigen Standort des Hotels aus. Der Grundstock für seinen gastronomischen Werdegang war damit gelegt. Nach seiner Lehre im Hamburger Hotel „Vier Jahreszeiten" und den obligatorischen Wanderjahren ging er nach Haffkrug, wo er 1973 auf dem Grundstück des bisherigen Cafés das heutige, im Jahr 2006 umfangreich modernisierte Hotel baute und seither zusammen mit seiner Ehefrau Uta betreibt. Jens Häberle wuchs in Timmendorfer Strand auf, wo sein Großvater Fischer war. Schon damals wusste er, dass er Koch wer-

daher. Die alten Kontakte zu den Ostseefischern ermöglichen es ihm zudem, ungewöhnliche Fischsorten wie Hornhecht oder Kliesche auf die tägliche Empfehlungskarte zu bringen. Bei der Menüzusammenstellung berät Ehefrau Konni den Gast, wie auch bei der Wahl von der erstklassigen Weinkarte. Ob erlesener Wein oder kühles Bier – im „Restaurant Muschel" lässt sich beides gleichermaßen entspannt genießen. Denn auch der Gast profitiert von der engen Zusammenarbeit des Gastronomenpaars Häberle mit der Hoteliersfamilie Haeck. Regelmäßig werden Menüabende zusammen mit Übernachtung und Frühstück als Arrangement angeboten – vom „5-Gang-Enten-Menü" in der Winterzeit bis zum „Honeymoon am Ostseestrand für Jung- und Altverliebte" mit Candle-Light-Dinner und einigem mehr.

Steckrüben-Latte-Macchiato mit Räucheraalrührei

Zutaten

1 Steckrübe à ca. 500 g
2 Karotten
1 Gemüsezwiebel
Butterschmalz
1,5 l Kalbsfond
500 ml Sahne
Salz
Pfeffer
4 Scheiben Vollkornbrot
Butter
4 Scheiben Räucheraalfilet
4 Eier
Milch
Schnittlauch
4 Scheiben durchwachsener Speck
Kerbel

Zubereitung

Für die Cremesuppe Zwiebel, Karotten und Steckrübe schälen, würfeln und in Butterschmalz anschwitzen. Mit dem Kalbsfond ablöschen, langsam weiterkochen, die Sahne hinzufügen und das Ganze schließlich pürieren. Mit Salz und Pfeffer abschmecken und anschließend durch ein feines Sieb passieren.

Das Vollkornbrot jeweils rund ausstechen, mit Butter bestreichen und mit dem Räucheraalfilet belegen.

Die Eier, Milch und Schnittlauch verquirlen und ein Rührei herstellen. Dieses auf den Räucheraalbroten verteilen.

Vier vorgewärmte Latte-Macchiato-Gläser zur Hälfte mit der Steckrübensuppe füllen. Milch mit einem Stabmixer schaumig schlagen und auf die Suppe geben. Mit je einer gebratenen Speckscheibe und einem Kerbelblatt ausgarnieren.

Das Räucheraalbrot mit dem Rührei separat reichen.

Hafen-Räucherei

Im Hafen
23669 Niendorf / Ostsee

Telefon 0 45 03 / 70 73 99

www.hafenraeucherei-niendorf.de

Der Fischereihafen von Niendorf gilt als einer der schönsten an der schleswig-holsteinischen Ostseeküste. Bunte Boote und Fischerkutter bilden ein beliebtes Fotomotiv für die Touristen. Der Ort kann auf eine rund 300-jährige Fischereitradition zurückblicken und hat sich einen Teil seines nostalgischen Charmes trotz moderner Hotel- und Appartementanlagen bewahrt.

Eine Institution hier ist die „Hafen-Räucherei", wo seit über 30 Jahren Fischspezialitäten aller Art angeboten werden. Viele Sorten Räucherfisch, der berühmte Aalrauchmatjes, Fischsalate und Marinaden werden allesamt nach bewährten Rezepten, ohne Zusatz- und Konservierungsstoffe und unter ständiger Qualitätskontrolle hergestellt. Der Fisch kommt überwiegend von den örtlichen Fischern und den Ostholsteinischen Seen, aber auch Nordsee- und Atlantikfisch werden verarbeitet und angeboten. Neben den Fischdelikatessen gibt es auch Wurst und Schinken aus eigener Produktion sowie Weine und Spirituosen.

Für alle Hungrigen wird vor Ort gebraten, geräuchert, mariniert und eingelegt. Im urig-maritim eingerichteten Restaurant im ehemaligen Kistenschuppen und an den Tischen direkt an der Kaimauer werden Backfisch, frisch aus der Pfanne, Lachssteak, Scampi, Calamares, Fischsuppen, die besten Fischbrötchen weit und breit und viele andere Köstlichkeiten angeboten.

An der frischen Ostseeluft, beim Fischessen und einem frisch gezapften „Klüver's Bier" kann man hier verweilen und den Blick in Richtung Neustadt auf der anderen Seite der Lübecker Bucht schweifen lassen, wo „Klüver's Bier" seinen Ursprung hat.

Das Fernsehen hat Neustadt in Holstein schon lange für sich entdeckt. Der Heimathafen der MS-Deutschland, bekannt aus „Das Traumschiff", ist zugleich seit nunmehr 12 Jahren Drehort der ZDF-Serie „Die Küstenwache". Gegenüber den ZDF-Fernsehstudios befindet sich das norddeutsche Original „Klüver's Brauhaus".

Direkt aus glänzenden Kesseln werden hier Pils und Dunkel und je nach Saison Hefeweizen und Doppelbock ausgeschenkt, allesamt strikt nach dem Deutschen Reinheitsgebot von 1516 gebraut. Der Betrieb ist modern und vielfältig.

Das Besondere ist vor allem die Lage direkt am Neustädter Hafen. Von den Bänken im Biergarten und vom großen Balkon aus kann man das maritime Treiben auf dem Wasser beobachten und die historischen Schiffe in Augenschein nehmen, die bevorzugt nahe dem Brauhaus liegen.

Die Speisekarte bietet eine breite Auswahl, von deftigen Gerichten mit knusprigen Bratkartoffeln bis hin zu leichten Salaten, Suppen und die weithin bekannten Fischbrötchen. Die vielfältigen Fischspezialitäten aus der „Hafen-Räucherei" in Niendorf dürfen natürlich auch hier nicht fehlen. Eine Eisdiele mit Eis aus eigener Herstellung rundet das Angebot ab.

Gute Laune gehört zum Konzept und wird gepflegt mit freundlichem Service und angenehmen Preisen.

Klüver's Brauhaus

Schiffbrücke 2–4
23730 Neustadt in Holstein

Telefon 0 45 61 / 71 48 11
Telefax 0 45 61 / 71 49 22

www.kluevers-brauhaus.de

KÖPPS RESTAURANT & CAFÉ

Köpps Restaurant & Café

Uferstraße 18
23743 Grömitz

Telefon 045 62 / 22 38 22

Bei seinen Kochkursen will Frank Köpp, Koch und Inhaber von „Köpps Café und Restaurant" an der Grömitzer Uferpromenade, vor allem eines vermitteln: „Kochen ist einfach!" Aus Zutaten, die unkompliziert zu besorgen sind, und mit Zubereitungsarten, die auch für den Laien einfach zu erlernen sind, zaubert er bei diesen Veranstaltungen zusammen mit je bis zu fünf Teilnehmern raffinierte Menüs.

Normalerweise ist er „Solist am Herd", wie er selber sagt und muss „mit einfachen Mitteln in der kleinen Küche das Maximum erreichen." Der wichtigste Aspekt dabei ist absolute Frische, sowohl hinsichtlich der Zutaten als auch bei der Zubereitung. Selbst die Saucen werden, wie er betont, „just in time" hergestellt und die Nudeln sind hausgemacht. Nur so ist konstant höchste Qualität zu gewährleisten und nur so können die Wünsche der Gäste flexibel umgesetzt wer-

den. Köpp, der beim schleswig-holsteinischen Urgestein Hartmut Boll gelernt hat und den seine Wege durch einige der besten und renommiertesten Häuser der Republik geführt haben, sagt: „Bei jedem der alten Füchse habe ich mir Anregungen geholt. Das Ergebnis daraus ist ein eigener Stil."

Das Haus präsentiert eine „echte Jahreszeitenküche" mit einem breiten Spektrum von „Hamburger Pannfisch mit Bratkartoffeln und kleinem Salat" bis hin zu „Filet vom Loup de Mer auf hausgemachten Nudeln mit gebratenem grünen Spargel, Parmesan und Pesto", mit Vorspeisen wie „Carpaccio vom Thunfisch mit mariniertem Rettich" und Desserts wie „Rhabarber-Erdbeergratin mit weißem Schokoladenparfait". Viele Gerichte, wie der Dorsch nach nebenstehendem Rezept, verbinden regionale Zutaten mit der Leichtigkeit mediterraner Zubereitungsformen und einem Hauch Orient. Die Karte wechselt etwa alle vier Wochen, hinzu kommen eine Empfehlungskarte sowie tagesfrische Gerichte. Aus allem kann sich der Gast sein Menü zusammenstellen oder aber ein Überraschungsmenü mit wahlweise Fisch oder Fleisch im Hauptgang bestellen. Ehefrau Nina Köpp, die für den Service verantwortlich zeichnet, berät den Gast bei seiner Wahl und empfiehlt den passenden Wein aus einer kleinen, aber feinen Weinkarte. Diese ist zudem ungewöhnlich, da sie gespickt ist mit Erläuterungen zu den Winzern und den Weinen – informativ selbst für Kenner.

Das Ambiente lebt von warmen Farben, dezenter Dekoration und stilvoll gedeckten Tischen und nicht zuletzt vom Blick auf das Meer. Bei aller Konvention ist Familie Köpp eine ungezwungene Atmosphäre wichtig. Gäste aller Altersklassen, Einheimische wie Feriengäste sollen sich hier wohlfühlen und genießen. Mit einem Satz fasst Frank Köpp den für ihn und seine Frau über dem Unternehmen stehenden Anspruch zusammen: „Das Wichtigste ist, dass die Gäste zufrieden sind!" Dass sie mit der Umsetzung richtig liegen, bestätigt die Kundenresonanz: „Das Gros der Gäste geht begeistert hier raus!", weiß der Patron zu berichten.

Dorsch im Röstimantel auf Tomatenragout
(für je 1 Person)

Zutaten

140 g Dorschfilet
3 Flaschentomaten
2 Schalotten
10 g Ingwer
1 Topf frisches Basilikum
150 g festkochende Kartoffeln
100 g Rapsöl
50 g Olivenöl

Zubereitung

Haut und Gräten des Dorschfilets entfernen. Mit Salz und Pfeffer aus der Mühle würzen und leicht mehlieren. Die Flaschentomaten kurz in kochendem Wasser blanchieren und in Eiswasser abschrecken. Die Haut abziehen, die Kerngehäuse entfernen und das Fruchtfleisch in kleine Würfel schneiden. Schalotten und Ingwer schälen und ebenfalls in kleine Würfel schneiden. Tomaten, Schalotten und Ingwer im Olivenöl bei leichter Hitze in einer Pfanne ca. 3 – 5 Minuten schmoren. Die Kartoffeln schälen und grob reiben. Das Dorschfilet mit den geriebenen Kartoffeln „panieren". In einer Pfanne das Rapsöl erhitzen und das Dorschfilet darin auf beiden Seiten goldgelb braten. Das Dorschfilet auf dem Tomatenragout anrichten und ausgarnieren.

OBSTHOF SCHNEEKLOTH

Obsthof Schneekloth

Pappelhof 6a
23743 Grömitz

Telefon 0 45 62 / 17 04
Telefax 0 45 62 / 64 68

Bauernladen Schneekloth

Wicheldorfstraße 6
23743 Grömitz

Telefon 0 45 62 / 2 66 59 95

www.bauernladen-direkt.de

Feriengäste und Einheimische gleichermaßen tummeln sich im Sommer auf dem Obsthof Schneekloth. Auf rund 12 Hektar Fläche können je nach Saison Erdbeeren, Himbeeren, Sauer- und Süßkirschen, schwarze und rote Johannisbeeren, Stachelbeeren, Zwetschen, Pflaumen, Quitten und Holunder selbst geerntet werden. Doch auch wer nur auf einen Kaffee und ein Stück hausgemachte Torte vorbeischaut und dabei in der Scheune oder auf einem der begehrten Plätze unter den Obstbäumen die Ruhe genießt, ist jederzeit willkommen.

Was den Betrieb besonders auszeichnet, ist die herzliche und familiäre Atmosphäre. Neben den Inhabern Miriam und Volker Schneekloth, deren Kindern Sebastian, Julius und dem Nesthäkchen Mara gehören auch die ungarischen, polnischen und deutschen Mitarbeiter des Hofs ganz selbstverständlich zur Familie und prägen den Betrieb mit. Das zeigt sich besonders zur Mittagszeit, wenn für die Gäste auch kleine

warme Mahlzeiten zur Stärkung angeboten werden – von Bigos, einem polnischer Eintopf, über ungarische Kartoffelsuppe bis hin zu rheinischem Möhreneintopf mit Spiegelei und Leberkäse.

Im Hofladen bietet der Betrieb vor allem die eigenen Erzeugnisse an – Konfitüren und Gelees, Mus und Kompott, Saft und Nektar, Obstwein und Likör und als besondere Spezialität Sirup von diversen Obstsorten. Ergänzt wird das Angebot durch Gemüse nach Saison, Wurstwaren und Milchprodukte von befreundeten Erzeugern.

Seit April 2007 betreibt Familie Schneekloth außerdem einen Bauernladen mit Café in einem alten Reetdachhaus in der Grömitzer Innenstadt. Auch hier gibt es die leckeren Kuchen und Torten aus Schneeklothscher Produktion, sei es die Baisertorte mit Obstbelag nach Saison, ein gut belegter Pflaumenkuchen oder die besonders beliebte zweistöckige Himbeertorte.

GUT GÖRTZ

Ein Ausflug nach Gut Görtz bietet für jeden etwas: die Möglichkeit, einen Einblick in einen landwirtschaftlichen Betrieb zu erhalten, sich im Scheunen-Café und im Kuhstall-Restaurant zu stärken, im Hofladen frische Produkte aus der Region zu erwerben, ständige sowie wechselnden Ausstellungen von Kunst, Handwerk und Kunsthandwerk zu besuchen und noch so manches Andere zu entdecken.

Ein Bereich der Hofanlage trägt die ganz persönliche Handschrift von Gabriele Weilandt. „Mein Laden" heißt er und die Inhaberin fasst das Sortiment vom Hundehalsband bis zum Wohnaccessoire mit einem Satz zusammen: „Alles, was ich gut finde."

Kulinarisch gesehen gibt es drei Anlaufpunkte. Da ist zum einen das im ehemaligen Kuhstall untergebrachte Restaurant, das eine frische regionale Küche anbietet. Zum Zweiten gibt es den Räucherofen, in dem Aale, Makrelen, Forellen und Bachsaiblinge zubereitet werden. Und nicht zuletzt ist das Café im alten Jungviehstall zu nennen. In diesem werden hausgemachte Kuchen und Torten nach Saison angeboten, von der „Görtzer Welle" über Butterkuchen und „Puffer" bis zum „Görtzer Schmantkuchen"

Gut Görtz

23777 Heringsdorf

Telefon 0 43 65 / 2 12
Telefax 0 43 65 / 10 04

www.gut-goertz.de

Eine typische schleswig-holsteinische Gutsanlage verfügt über ein Torhaus. Obwohl die Geschichte von Gut Görtz viele hundert Jahre zurückreicht und die Gebäude, die heute zu sehen sind, zumeist im 18. Jahrhundert erbaut wurden, ist das Torhaus von Gut Görtz sicherlich das jüngste seiner Art in Holstein. Dabei fügt es sich zwischen den beiden Ställen, die heute das Café und den Gutsladen beherbergen, ein, als hätte es immer dort gestanden. Errichtet wurde es aber erst 1999 durch die heutigen Eigentümer des Guts, Gabriele und Johannes Weilandt. Sie führten damit die Planung aus, die vor fast 200 Jahren begonnen worden war, und schafften so zusätzlichen Platz für die vielfältigen Angebote des Betriebs.

mit Pflaumenmus. Außerdem sind hier auch kleine deftige Speisen zu haben, wie Wurstbrot mit Wildschweinleberwurst aus eigener Jagd auf hausgebackenem Brot von Getreide aus eigenem Anbau.

Getreide ist der eigentliche Erwerbszweig des Gutsbetriebs. Auf rund 300 Hektar Land werden Weizen, Gerste und Raps angebaut. Für Familie Weilandt ist wichtig: „Einerseits führen wir eine Familientradition fort und bewahren das Gut für unsere Kinder. Andererseits wollen wir den Betrieb weiterentwickeln." So werden immer neue Ideen umgesetzt mit dem Ziel, dass die Gäste, von denen viele immer wieder kommen und den persönlichen Kontakt zu Familie Weilandt suchen und schätzen, rundum zufrieden nach Hause gehen.

Görtzer Apfelcreme-Schnitte

Zutaten

Für die Böden
250 g Margarine
225 g Zucker
1 Päckchen Vanillezucker
3 Eier
225 g Mehl
30 g Speisestärke
1 TL Backpulver

Für die Füllung
500 g Apfelmus
250 g Apfelstücke
1 Päckchen Vanillezucker
Saft von 2 Zitronen
1 l Apfelsaft
100 g Zucker
2 Päckchen Puddingpulver Vanille
12 Blatt Gelatine

Für den Belag
500 ml Schlagsahne
1 Päckchen Vanillezucker
Mini-Äpfel (aus der Dose)
Haselnusskrokant

Zubereitung

Margarine mit Eiern, Zucker und Vanillezucker schaumig schlagen. Mehl, Speisestärke und Backpulver hinzugeben und zu einem glatten Teig verrühren. Den Teig auf zwei gefettete Backbleche streichen und ca. 15 Minuten bei 200 °C im vorgeheizten Ofen backen. Anschließend gut auskühlen lassen.

Die Apfelstücke andünsten und mit dem Apfelmus vermengen. Mit dem Vanillezucker und dem Zitronensaft abschmecken.

Aus dem Apfelsaft, dem Zucker und dem Puddingpulver nach Packungsanweisung einen Pudding kochen. Die zuvor eingeweichte Gelatine in die heiße Puddingmasse einrühren, bis alles gelöst ist. Anschließend das Apfelmus unterheben.

Den einen Boden mit der Apfel-Pudding-Masse bestreichen. Den zweiten Boden darauflegen. Danach einige Zeit im Kühlschrank auskühlen und fest werden lassen.

Die Sahne mit dem Vanille-Zucker steif schlagen. – der Sahne auf dem Boden verteilen und glattstreichen. Den Kuchen einteilen und auf jedes Stück noch einen Tupfer Sahne geben. Mit etwas Haselnusskrokant bestreuen und auf jeden Tupfer einen Mini-Apfel setzen.

HEIN UND BEAS SCHEUNE

Hein und Beas Scheune

Dorfstraße 15
23769 Dänischendorf auf Fehmarn

Telefon 0 43 72 / 3 97
Telefax 0 43 72 / 15 26

www.heinundbeas-scheune.de

Zu Kaffee und hausgebackenen Kuchen und Torten, zu original Holsteiner Küche oder zum „Schwof" fährt man auf Fehmarn zu „Hein und Bea". Hein und Bea, das sind Claus-Heinrich und Beate Weiland. Im Jahr 1990 eröffneten sie ihr Café und Restaurant in der gut 100 Jahre alten Scheune ihres Hofes in Dänischendorf. Was klein begann, wurde schnell zu einem der beliebtesten Ausflugsziele auf der Insel. Heute wird das Paar von einem beständigen Serviceteam unterstützt und in der Küche schaltet und waltet Chefkoch Burkhard Pflaum.

Die vielfältige Speisekarte umfasst viele traditionelle Holsteiner Gerichte, wie Sauerfleisch oder Ostseefisch, und Insel-Spezialitäten, wie den „Fehmarnschen Sauerbraten" aus Schweinenacken. Das Haus ist außerdem ein fester Anlaufpunkt für saisonale Klassiker – zur Maischollen-, Spargel- oder Pilzzeit ebenso wie im Herbst für Wildspezialitäten und im Winter für krosse Enten.

Seit jeher gibt es auch immer eine Auswahl vegetarischer Gerichte und Vollwertkost. So können beispielsweise die Bratkartoffeln zum Matjes entweder regionaltypisch mit Speck und Zwiebeln oder aber „vollwertig" mit Räuchertofu und Lauchzwiebeln bestellt werden. Weithin bekannt ist „Hein und Beas Scheune" auch für eine reiche Auswahl leckerer Kuchen und Torten, die Beate Wei-

land allesamt selbst backt und mit viel Liebe garniert. Dabei greift sie auf etwa 45 verschiedene Rezepte zurück. Einige davon sind auch auf Diabetiker oder Allergiker zugeschnitten, gesüßt wird überwiegend mit Honig statt mit Zucker.

Besonders beliebt bei den Gästen sind die Nuss-Marzipan-Torte, diverse Obsttorten und -kuchen nach Saison und vor allem die Dinkel-Haselnuss-Eierlikör-Torte. Es sei schon mal vorgekommen, so erzählt die Inhaberin, dass Feriengäste noch vor ihrer Abfahrt in Berlin, Köln, Frankfurt oder sonstwo in Deutschland angerufen hätten, ob genug davon da sei.

Neben dem Café-, Restaurant- und Biergartenbetrieb ist „Hein und Beas Scheune" auch ein beliebter Ort für Feiern aller Art bis 150 Personen. Zudem organisiert Familie Weiland eigene Veranstaltungen. Dazu gehören Folk-, Blues- oder Rock-Konzerte gemeinsam mit der Fehmarn-Festival-Group und diverse Kunsthandwerkermärkte.

Kunsthandwerk, Dekorationsartikel, Handarbeiten, Hausgemachtes und mehr wird auch in der kleinen Geschenkboutique auf dem Hof verkauft. Hier, wie auch im Café, gibt es außerdem das Büchlein, in dem Beate Weiland einige ihrer beliebtesten Kuchen- und Tortenrezepte verrät.

Zander nach Lotsenart

Zutaten

8 Stangen Spargel
200 g Pilze
2 Zwiebeln
250 ml Brühe
Zitronensaft
4 Zanderfilets
Mehl
200 g Butter
6 EL Weißwein
4 Eigelb
Dill
Petersilie
Bärlauch
Nordseekrabben
Chilifäden
Tomatenmark
Salz
Pfeffer

Zubereitung

Den Spargel schälen und in Stücke schneiden. Brühe erhitzen, etwas Zitronensaft hinzugeben und den Spargel darin blanchieren. Pilze putzen und je nach Art klein schneiden, Zwiebeln fein würfeln. In etwas Öl die Zwiebeln glasig dünsten, die Pilze mit Salz und Pfeffer sowie die Kräuter (Bärlauch) nach Geschmack hinzugeben und mit anschwenken.

Den Zander salzen, pfeffern und mehlieren und in der Pfanne von beiden Seiten kurz anbraten.

Für die Hollandaise die Butter bei kleiner Hitze zerlassen. Die Eigelb mit dem Weißwein verquirlen und dann über dem heißen Wasserbad cremig schlagen. Die zerlassene Butter löffelweise hinzugeben und mit dem Schneebesen unterheben.

Eine Hälfte der Hollandaise mit Kräutern (Dill, Petersilie, Bärlauch) nach Belieben verfeinern und mit Salz und Pfeffer abschmecken. Bei der anderen Hälfte die Nordseekrabben, Chilifäden und etwas Tomatenmark unterziehen, ebenfalls noch mal abschmecken.

Den Zander auf einem Bett aus den gedünsteten Pilzen und dem Spargel anrichten.

Die Hollandaise dazu reichen. Als Beilage eignen sich Bratkartoffeln mit Tofu und Lauch oder mit Speck und Zwiebeln.

HOLSTEINISCHE SCHWEIZ UND HOHWACHTER BUCHT

Wer schneebedeckte Berge im Sinn und die Skiausrüstung im Gepäck hat, ist hier richtig! Wo? In der Holsteinischen Schweiz! Und da liegt nicht etwa eine Verwechslung mit dem Alpenland vor. Auch Schleswig-Holstein verfügt über ein Wintersportrevier! Zugegeben – trotz seiner für hiesige Verhältnisse beachtlichen Höhe von 168 Metern wird der Bungsberg wohl niemals ein Austragungsort der Abfahrtsläufe bei den Olympischen Winterspielen. Doch über einen Skilift verfügt er sehr wohl. Etwa zwei Minuten dauert die Fahrt bis zum Gipfel, beinahe noch schneller ist man als geübter Skifahrer wieder unten. Doch bei einem Tagespreis von etwa zehn Euro für den Skipass kann man es sich wohl leisten, sich einmal mehr wieder hinaufziehen zu lassen. Die Behauptung, die „echte" Schweiz habe der holsteinischen die Berge voraus, sollte hiermit jedenfalls entkräftet sein. Nicht zu entkräften ist hingegen die Behauptung, die

Holsteinische Schweiz habe der „echten" den Blick aufs Meer voraus. Wer die Region mit etwas Müßiggang erkundet, der wird mehr als einmal auf einer der Anhöhen verweilen, von denen aus man all das, was die Holsteinische Schweiz ausmacht, mit einem einzigen Blick erfassen kann: sanfte Hügel und grüne Wiesen, leuchtend gelbe Raps- oder ausgedehnte Kornfelder, dichten Buchenwald, vielleicht auch eines der vielen Güter mit prächtigem Herrenhaus oder einen See und hinter alledem bis zum Horizont – das blaue Meer.

Solcherlei Ausblicke mögen den Maler Heinrich Grosch bewegt haben, als er 1790 „Holsteins Gegenden ein nicht unwürdiges Pendant zur Schweiz" nannte. In der Zeit der Romantik war es durchaus gebräuchlich, den Beinamen Schweiz für besonders liebliche Landschaften zu verwenden, fast 70 „Schweizen" gibt es allein in Deutschland. Als schließlich Johannes Janus in den

1880er Jahren seinem neu errichteten Hotel am Krummsee den Namen „Holsteinische Schweiz" gab und bald darauf auch eine Bahnstation in dessen Nähe diese Bezeichnung trug, etablierte sich der Begriff schnell für den ganzen Landstrich um Malente, Plön und Eutin. Heute würde man von „pfiffigem Marketing" sprechen, und tatsächlich entwickelte sich die Region um die Jahrhundertwende zu einem beliebten Ziel für Wochenendausflüge und zur florierenden Kurregion. Schon damals waren Bootsfahrten auf den Seen eine der beliebtesten Freizeitbeschäftigungen. Mit einem der Ausflugsschiffe oder aber auf eigene Faust mit dem Kanu oder Kajak erkunden auch heute noch viele die Region. Die Schwentine, der „Heilige Fluss", so die Übersetzung des aus dem Slawischen stammenden Namens, verbindet 17 der gut 200 Seen und schlängelt sich vom Südwesthang des Bungsbergs durch die Holsteinische Schweiz bis nach Kiel, wo sie in die Förde mündet. Wer ihrem Lauf folgt, sieht neben den

Schönheiten der unberührten Natur auch das Wasserschloss in Eutin und das erhaben über dem Großen Plöner See gelegene Plöner Schloss. Neben diesen beiden „echten" Schlössern prägen dutzende alte, adelige Güter das Landschaftsbild und verfügen zum Teil über so hochherrschaftlich angelegte Herrenhäuser, dass auch sie im Volksmund als Schlösser bezeichnet werden. Von außen sind zwar viele gut einzusehen, doch befinden sich die meisten in Privatbesitz und gewähren nur selten einen Blick hinter ihre schönen Fassaden. Trotzdem haben die Gutsherren der Region einige der beliebtesten Ausflugsziele beschert. Um 1840 ließ beispielsweise der Landgraf Friedrich von Hessen auf dem 128 Meter hohen Pilsberg einen achteckigen Aussichtsturm von 17 Metern Höhe errichten, der heute „Hessenstein" genannt wird. Nicht ganz erreicht man auf dessen Dach die Höhe des Bungsberg-Gipfels, doch kann man bei gutem Wetter noch über das Meer hinaus bis nach Dänemark sehen.

STRENGLINER MÜHLE

**Hotel-Restaurant
Strengliner Mühle**

Mühlenstraße 2
23820 Strenglin

Telefon 0 45 56 / 99 70 99
Telefax 0 45 56 / 99 70 16

www.strenglinermuehle.de

Von einem „super Urlaub" bei „der sehr netten Familie Molt" berichtet ein Eintrag im Gästebuch der Internetpräsenz der „Strengliner Mühle". In der Tat tragen in diesem Haus vier Generationen dazu bei, dass sich die Gäste wohlfühlen und eben einen „super Urlaub" verleben – von der über 80-jährigen Inge Molt, deren Sohn Hans und seiner Frau Lisa, den Enkeln Henning und Ulrike samt Lebenspartnern bis zu den Urenkeln Till Bennett und Mats Tjore. Die Geschwister Henning und Ulrike Molt sind die ersten in der Familie, die konsequent Hotelfachausbildungen in anderen Häusern und Schulen durchliefen und sich so auf die spätere Übernahme des Betriebs vorbereitet haben. Doch der Generationswechsel von den heutigen Inhabern Hans und Lisa Molt geht sachte vonstatten.

„Meine Eltern nehmen sich jetzt etwas mehr Zeit für sich, aber ohne das Hotel können und wollen sie nicht", sagt Henning Molt, der die Küche sein Refugium nennt. Seine Ausbildung zum Koch hat er im Lübecker Restaurant Yachtzimmer gemacht und seine Fähigkeiten später in Häusern wie dem Hamburger Fischereihafenrestaurant und der Ole Liese verfeinert. 1996 wurde er DEHOGA Landesmeister und im gleichen Jahr Bundesmeister mit der Mannschaft.
Sein Credo ist es, eine regionale Küche wohldosiert mit kreativen Ideen zu verbinden und dabei auf übermäßigen Schnörkel zu verzichten. Mit einem Schmunzeln fügt er hinzu: „Die Speisekarte ist so geschrieben, dass niemand einen Dolmetscher braucht." So findet sich im saisonal wechselnden

Teil der Karte beispielsweise „Gebratenes Barschfilet mit Sanddornsenf-Sauce" oder „Gebratene Medaillons vom Reh-, Damhirsch- und Wildschweinrücken mit Preiselbeerschalotten". Regionale Klassiker wie „Aal in Sauer nach altem Hausrezept" sind ganzjährig auf der Karte zu finden. Bei der Wahl der Zutaten greift das Haus auf Produkte aus der Region zurück und beteiligt sich daher auch an einer Initiative der Landesregierung mit dem Motto „Schleswig-Holstein is(s)t lecker". Wild liefern die örtlichen Jäger, Fisch vor allem die an den schleswig-holsteinischen Seen ansässigen Fischereien. Eine besondere Spezialität der „Strengliner Mühle" ist Karpfen, denn der kommt aus der eigenen Zucht im Mühlenteich gleich hinter dem Hauptgebäude, in dem sich noch vor knapp einem halben Jahrhundert die historische Mühle befand.

Dieses beherbergt heute das Restaurant und bildet gleichsam den Grundstock für die Hotelanlage, die außerdem die zum Gästehaus umgebaute alte Scheune sowie ein in

den 1990er Jahren erbautes modernes Gästehaus umfasst, in dem sich auch ein Tagungs- und ein Wellnessbereich befinden. Mit kontinuierlichen Maßnahmen wird sichergestellt, dass das Haus seinen Standard aufrechterhält.

Überhaupt ist Kontinuität ein Teil des Erfolgsrezepts des Familienbetriebs Molt und neben der guten Küche und der schönen Umgebung ein wichtiger Faktor, wenn der Hotelgast in der Strengliner Mühle einen „super Urlaub" verbringt und der Restaurantgast gerne wiederkommt.

Rauchaalterrine

Zutaten

1 geräucherter Aal ca. 300 bis 350 g
1 l kalte Geflügelbrühe
150 g Rindfleisch (aus der Keule) zum Klären
1 Eiklar
2–3 Äpfel (z.B. Holsteiner Cox)
200 g entsteinte Trockenpflaumen
12 cl Apfel-Balsamessig
15 Blatt Gelatine
70 g Zucker

Zubereitung

Aus dem Aal zwei Filets schneiden. Anschließend Haut, Gräten, Geflügelbrühe, Apfel-Balsamessig, Zucker und zerkleinertes Rindfleisch sowie Eiklar verrühren. Die Mischung langsam erhitzen, kurz aufkochen lassen und durch ein Tuch passieren. Die Gelatine nach Vorschrift einweichen und im Fond lösen. Die Äpfel schälen, entkernen, kleinschneiden und blanchieren. Die Backpflaumen vierteln. Nun in einer Form Aalfilet, Äpfel und Backpflaumen einschichten, mit Fond auffüllen und gut durchkühlen lassen.

RESTAURANT TAC

Dass mit ihm ein Österreicher am Herd steht, verrät schon der Blick in die Speisekarte: Tomaten heißen hier „Paradeiser", Pilze heißen „Schwammerl" und die Sahne zum Dessert heißt „Obers". Das Wiener Schnitzel wird authentisch mit Kalbfleisch zubereitet und Knödel gibt's bisweilen in der süßen Variante. Doch ein österreichisches Restaurant ist das „TAC" nicht. „Wir machen eine internationale Küche mit mediterranen und österreichischen Einflüssen", so fasst es der Chefkoch zusammen. Die Karte wird regelmäßig überarbeitet und zudem durch Saisonangebote und ein täglich wechselndes Menü ergänzt.

Gleich neben dem Restaurant hat Sommelier Melf Koch einen Weinladen mit Probierstube. Eine Weinkarte braucht das „TAC" daher nur für die offenen Weine. „Ansonsten ist die Vinothek unsere Weinkarte", so Christian Waidmann.

Sein Ziel formuliert der Wiener so: „Ich will eine gute Küche machen und den Leuten ein Stück Lebensqualität vermitteln!" Neben dem mediterranen Flair der Ausstattung tun Grillpartys am großen Steingrill auf der Terrasse, Kochkurse „mit dem Österreicher" und nicht zuletzt die ungezwungene Art, mit der man hier miteinander umgeht, das ihre, um dieses Ziel zu erreichen.

Restaurant TAC

Lübecker Landstraße 55
23701 Eutin

Telefon 0 45 21 / 79 59 69
Telefax 0 45 21 / 79 59 70

www.restaurant-tac.at

Der „Große Eutiner See" und der „Kleine Eutiner See" sind weithin bekannt. Den „Kleinsten Eutiner See" bei der alten Straßenmeisterei hingegen kennen nur wenige. Dabei ist dieser mit Hotel, Gastronomie, Badestelle und Liegestühlen ein ideales Ausflugsziel! Nun gut, der See ist eher ein Badeteich. Doch bildet er quasi die Schnittfläche des „EUT-IN" Hotels und des Restaurants „TAC", deren Angebote sich komfortabel ergänzen. Und er stellt für die Gäste des einen wie des anderen eine Kulisse dar, in der Urlaubsstimmung aufkommt.

Der ungewöhnliche Restaurantname „TAC" ist abgeleitet von den Vornamen der Inhaber Tanja Schömer, verantwortlich für den Service, und Christian Waidmann, Chef des vierköpfigen Küchenteams.

Lasagne von Erdbeere und Rhabarber
(für 8 Personen)

Zutaten

1 Paket Blätterteig, tiefgekühlt
2 Eigelb
4 Eiweiß
1 Becher Schlagsahne
250 ml Milch
1 Vanilleschote
50 g Vanillezucker
150 g Zucker
3 Blatt Gelatine
1 kg Rhabarber
1 kg Erdbeeren
Honig
Vanillezucker
Grand Marnier
Kirschwasser
weißer Balsamico
Basilikum
Minze
Melisse
Puderzucker

Zubereitung

Den Blätterteig auftauen, auf die gewünschte Größe zuschneiden und nach Anleitung fertigbacken. Die Vanilleschote einritzen und das Mark herauskratzen. Eigelb, Milch, Vanillezucker, 80 Gramm Zucker und das Vanillemark sowie die Vanilleschote im Wasserbad erwärmen. Von der Kochstelle nehmen und die Vanilleschote entfernen. Die Gelatine einweichen und ausdrücken und unter die heiße Masse rühren. Das Ganze abkühlen lassen. Eiweiß und Sahne jeweils schlagen und nacheinander unter die erkaltete Masse ziehen.
Den Rhabarber waschen, schälen und in kleine Stücke schneiden. Mit ca. 40 Gramm Zucker zu Mus verkochen und abkühlen lassen.

Die Vanillecreme und das Mus nach dem Erkalten mischen.
Die Erdbeeren waschen, putzen und in Viertel schneiden. Nach Geschmack mit Honig, Vanillezucker, Kirschwasser und Grand Marnier mischen. Etwa eine Stunde kalt stellen. Balsamico im Topf reduzieren und zusammen mit fein geschnittenen Basilikumblättern unter die Erdbeeren ziehen.
Das Ganze erneut ca. eine Stunde durchziehen lassen.
Für das Zuckersegel den restlichen Zucker mit Wasser aufkochen. Auf kleiner Flamme reduzieren, bis das Ganze zähflüssig karamellisiert ist. Auf einem Stück Backpapier mit einer Gabel dünne Karamellfäden zick-zack in die gewünschte Form ziehen. Die gebackenen Blätterteigplatten, die Rhabarbercreme und die marinierten Erdbeeren abwechselnd übereinanderschichten. Die oberste Blätterteigplatte mit Puderzucker bestreuen. Das Ganze mit Erdbeerfächern, Minz-, Melisse- oder Basilikumblättern und dem Zuckersegel garnieren.
Anstelle von Erdbeeren können anderes Beerenobst oder auch Äpfel, Birnen oder Aprikosen verwendet werden.

REESE

Fischerei Reese

Eutiner Straße 8
24306 Plön

Telefon 0 45 22 / 62 36
Telefax 0 45 22 / 93 39

Am See 27
24238 Bellin

Telefon 0 43 84 / 7 51
Telefax 0 43 84 / 59 96 19

Forellenzucht Reese

24321 Helmstorf

Telefon 0 43 81 / 40 45 32
Telefax 0 43 81 / 40 45 33

Fischzucht Reese

Papiermühle
24616 Sarlhusen

Telefon 0 43 24 / 8 81 08 40
Telefax 0 43 24 / 8 81 08 45

www.reese-fischzucht.de

Wie wär's zum Abendessen mit einem selbst gefangenen Barsch oder Hecht? Am großen Plöner See gibt's den erforderlichen Angelerlaubnisschein, das passende Boot und hilfreiche Tipps – direkt bei der Fischerei Reese. Aber auch wem es viel zu mühselig erscheint, selbst die Schnur ins Wasser zu halten, der kann hier die kulinarische Vielfalt der schleswig-holsteinischen Binnenseen erleben und genießen. Fangfrischer Süßwasserfisch von Aal über Maräne bis Zander sowie Spezialitäten wie Forelle aus eigener Räucherung können entweder bei der Fischerei eingekauft oder vor Ort in ungezwungener Atmosphäre im angeschlossenen Bistro gegessen werden – vom hochwertigen, individuell zubereiteten Fischgericht bis hin zu Snacks wie dem „Hechtburger".

Die Firma "Reese" ist in Schleswig-Holstein die Kompetenz in Sachen Süßwasserfisch „vom Ei bis zum veredelten Speisefisch", wie der Inhaber das Spektrum treffend zusammenfasst. An den beiden größten Binnenseen des Landes, dem Selenter und dem Plöner See, sowie an Dutzenden weiterer Seen in ganz Holstein ist das Unternehmen verantwortlich für die Fischerei. Daneben betreibt es in Helmsdorf eine Forellenzucht sowie Aufzuchtteiche für Forellen, Karpfen und Besatzfische im Umkreis der Unternehmenszentrale in Sarlhusen, wo auch die Verarbeitung oder besser: Veredelung des Fischs erfolgt – zum Beispiel durch Räucherung in Altonaer Öfen mit Holz und Spänen von Buche und Erle.

In Sarlhusen hatte im Jahr 1885 alles angefangen. Der Landwirt Marx H. Reese nutzte die ausgedienten Stauteiche der abgebrannten Papiermühle zur Aufzucht von Forellen. „Heute würde man das wohl ein Hobby nennen", erzählt dessen Urenkel Gunnar Reese, der das Unternehmen, welches sein Großvater in der Folgezeit auf- und sein Vater weiter ausgebaut hatten, heute leitet. Die Beschränkung auf Fisch aus den Binnenseen und den eigenen Teichen ist Teil der Unternehmensphilosophie. Gunnar Reese erzählt, dass er diesbezüglich immer wieder Aufklärungsarbeit leisten muss: „Viele Leuten können Seefisch und Süßwasserfisch gar nicht unterscheiden!" Dabei kommen vor allem Fische wie Maräne, Saibling oder Zander der modernen, leichten Küche sehr entgegen und sind einfach zuzubereiten. Wichtig sind dem Fischwirtschaftsmeister außerdem absolute Frische nach dem Grundsatz „morgens noch im Wasser, mittags auf dem Teller" und höchste, konstante Qualität. Er betont: „Dafür stehe ich mit meinem Namen!" Und so lautet denn auch einer der Slogans des Unternehmens: „Jeder Fisch ein echter Reese".

Die hohe Qualität lässt sich nur durch eine naturnahe Bewirtschaftung der Seen und Teiche gewährleisten, so dass die Fischereiwirtschaft beinahe zwangsläufig Aufgaben des Artenschutzes und der Gewässerpflege mit einschließt. „Im Prinzip sind unsere Fische Bio-Ware, nur dass es leider für reine Naturprodukte keine Bio-Zertifizierung gibt", erläutert Reese. Getreu der Maxime „aus der Region für die Region" werden die Produkte des Unternehmens zudem überwiegend direkt vermarktet. Wer also Lust hat auf echte

Holsteiner Fischdelikatessen wie Silber-oder Edelmaräne, auf eine Forelle für die Zubereitung nach klassischen Rezepten oder einfach zum Grillen, auf den obligatorischen Weihnachtskarpfen, auf Schleie oder Stör, Brasse, Barsch oder Rotauge, auf Hecht oder Zander, der kann an einem der vier links genannten Standorte einen „echten Reese" kaufen – lebend, geschlachtet oder geräuchert. Und neben dem Bistro in Plön gibt es auch in Bellin am Selenter See einen Imbiss – sozusagen für den „Reese" zwischendurch.

RESTAURANT & HOTEL STOLZ

gestalteten Garten erlaubt. Was sie schufen, ist eine Genuss- und Ruheoase. Letzteres besonders zur „Blauen Stunde", täglich am späten Nachmittag, wenn im „Restaurant Stolz" eine wechselnde Zusammenstellung warmer und kalter Kleinigkeiten angeboten wird.

Visionär ist Robert Stolz auch bei der Wahl seiner Zutaten. Schon seit Jahren sucht er sich seine Lieferanten überwiegend in Schleswig-Holstein – möglichst direkt vor der eigenen Haustür. Seine „Hauptschlag-ader" ist der Gärtnerhof Wolf, von dem er täglich frisches Gemüse, Kräuter und Obst, zum Teil ungewöhnliche oder alte Sorten, bezieht.

Eine Facette des persönlichen Küchenstils von Robert Stolz ist es, kleine Produkte durch die Art der Zubereitung zu adeln. Neue Gerichte fallen ihm vor allem in Momenten der Ruhe ein – beim Spazierengehen oder wenn er im Garten sitzt. Im Zentrum steht zumeist eine Zutat, für die sich der Küchenmeister neue Kombinationen oder Zubereitungsformen ausdenkt. So entstanden beispielsweise die Ideen zu seinen „Gemüsepralinen" oder dem „Plöner Barschfilet mit Pinienkern-kruste und Zitronengrassoße".

Restaurant & Hotel Stolz

Markt 24
24306 Plön

Telefon 0 45 22 / 5 03 20
Telefax 0 45 22 / 50 32 10

www.hotel-restaurant-stolz.de

Mit der Vision von einem Fein-schmeckerrestaurant mit einem kleinen Hotelbetrieb gingen Christiane und Robert Stolz vor einigen Jahren auf die Suche nach einem geeigneten Objekt. Fündig wurden sie im Zentrum von Plön. Das im Jahr 1900 erbaute Pastoratsgebäude bestach vor allem durch seine Lage – mit dem maleri-schen Kirchplatz zur einen Seite und dem großen Plöner See zur anderen. Sorgsam bewahrten sie bei den erforderlichen Renovierungsarbeiten und bei aller not-wendigen Zweckmäßigkeit den historischen Charakter des Hauses. „Wir haben es wach-geküsst", sagt Robert Stolz. Auf der Rückseite ergänzten sie eine überdachte Terrasse, die den Blick auf den Plöner See und den liebevoll mit Rosen und Stauden

Ehefrau Christiane sorgt mit frischen Blumen und liebevoller Dekoration für das stilvolle Ambiente im Restaurant und empfängt und umsorgt die Gäste mit Wärme und Herzlichkeit. Mit großer Fachkenntnis wählt sie zudem die Weine von Top-Winzern aus Deutschland und Europa aus, die die Genüsse aus der Küche optimal ergänzen. Ganz so, wie sich Robert und Christiane Stolz optimal ergänzen – als Gastgeberpaar und bei der Umsetzung ihrer Vision.

Paprikaterrine mit Flusskrebsen

Zutaten

20 Flusskrebse (ca. 150 – 200 g
je Stück)
4 gelbe Paprika
4 rote Paprika
1/2 Fenchel
1 Knoblauchzehe
3 Tomaten
Saft von ca. 3 Limonen
1 EL Honig
8 Blatt Gelatine
5 EL Olivenöl
2 EL Limonenöl
150 g saure Sahne
100 g Crème fraîche
2 Handvoll Salat und Kräuter (z.B. Rucola,
Frisée, Lollo rosso, Kerbel, Estragon)
Zucker
Meersalz
Pfeffer

Zubereitung

Alle Paprika mit einem Sparschäler schälen, vierteln und entkernen. Tomaten pürieren und durch ein Sieb passieren. Fenchel und Knoblauch in 1 Kubikmillimeter-Würfel schneiden. Alles zusammen in einen Schmortopf geben, salzen, pfeffern und Honig und den Saft einer Limone zufügen. Abgedeckt im Ofen bei 180 °C ca. 45 Minuten garen.

Eine Terrinenform (ca. 16 cm lang und 8 cm hoch) mit Klarsichtfolie auslegen. Die Gelatine einweichen, ausdrücken und zum warmen Paprika geben. Gut durchrühren und abschmecken.
Den Paprika abwechselnd mit dem Sud in die Terrinenform geben und für mindestens 6 Stunden kalt stellen. Danach stürzen und in ca. 2 cm dicke Scheiben schneiden.
Die Krebse in reichlich Salzwasser 4 Minuten kochen und anschließend abgießen. Den Krebsschwanz und die Scheren ausbrechen, den Darm entfernen. Mit Olivenöl, Salz, einem Esslöffel Limonensaft und einem Esslöffel Limonenöl marinieren. Sauerrahm mit Crème fraîche, etwa einem Esslöffel Limonensaft und einem Esslöffel Limonenöl vermengen und salzen.
Aus einem Esslöffel Limonensaft, 2 Esslöffeln Olivenöl, Salz und Zucker ein leichtes Limone-Olivenöldressing bereiten. Kräuter und Salat waschen, zupfen und mit dem Dressing marinieren.
Eine Terrinenscheibe in der Mitte des Tellers platzieren, Salatblätter darumlegen. Krebse auf dem Salat anrichten. Sauerrahmsauce verteilen.

PRINZENINSEL

Doch sind natürlich seine langjährigen gastronomischen Erfahrungen die Grundlage für das breite Angebot im „Café & Restaurant Prinzeninsel" – von Kaffee und hausgemachten Kuchen am Nachmittag über eine regional orientierte Mittags- und Abendkarte bis hin zu Büffets für Veranstaltungen und regelmäßige Menüabende. Schwerpunkte auf der Speisekarte bilden frischer Fisch aus dem Plöner See von der Fischerei Lasner, fangfrischer Ostseefisch aus Strande vom Fischer Peter Sperling sowie Gerichte aus Heidschnucken- und Büffelfleisch. Wobei Boris und die zwei Büffeldamen natürlich einen besonderen Schutz genießen.

Büffelfleisch bezieht Kock über den Büffelhof Burgstädt in Thüringen, der zudem auch ungewöhnliche Produkte aus der äußerst gehaltvollen Büffelmilch, wie Büffeltoffee, -likör und Büffelmilch-Caramellcreme unter dem Markennamen „Golden Buffalo" vermarktet. Die beiden auf der Prinzeninsel gehaltenen Kälber bilden den Grundstock einer Zuchtbeteiligung mit dem Hof in Burgstädt, die mittelfristig ausgeweitet werden soll.

Ebenfalls in Planung ist ein Hofladen auf der Prinzeninsel – für die Erzeugnisse aus der eigenen Landwirtschaft und vieles mehr.

**Café & Restaurant
Prinzeninsel**

Prinzeninsel
24306 Plön

Telefon 0 45 22 / 50 87 00
Telefax 0 45 22 / 50 87 77

www.prinzeninsel1.de

Anfang des Jahres 2007 übernahmen die Landwirtsfamilie Jacobsen und der Gastronom Tim Kock als neue Pächter die Prinzeninsel am Plöner See. Seither ist viel passiert. Das niedersächsische Bauernhaus, einst Wohnstatt der Prinzen aus dem Hause Hohenzollern, die auf der Prinzeninsel die Landwirtschaft erlernten, wurde umfangreich renoviert, restauriert und für den gastronomischen Zweck neu eingerichtet. Die Gänse, zuvor ein wichtiges Standbein des landwirtschaftlichen Betriebs, mussten der Vogelgrippe wegen weichen, doch gesellten sich zur Heidschnuckenherde zwei Wasserbüffel namens Elfriede und Victoria. Die beiden zutraulichen Kälber waren ebenso schnell die Lieblinge der Besucher, wie Heidschnuckenbock Boris, den Tim Kock mit der Flasche aufzog. Die Kombination aus Landwirtschaft und Gastronomie auf der Prinzeninsel schätzt der gelernte Koch besonders: „Das macht einfach Spaß. Ich möchte gar nicht mehr zurück in die klassische Gastronomie!"

Roulade vom Büffelrücken an roter Pestosoße mit Kartoffelplätzchen

Zutaten

640 g Büffelrücken

Füllung
8 Stangen grüner Spargel
125 g Büffelmozzarella
4 Scheiben dünn geschnittener Holsteiner
Katenschinken
Salz
Pfeffer

Kartoffelplätzchen
1 kg Kartoffeln
1 EL Speisestärke
1 EL gekackte Petersilie
1 EL Schnittlauch
4 Eier
50 g Butter
1 Prise Zucker
Salz
Pfeffer

Soße
50 g getrocknete Tomaten
1 EL Pinienkerne
1 Knoblauchzehe
30 g Peperoncini
frische Kräuter nach Belieben
1 kleine Zwiebel
Olivenöl
250 ml Sahne
Weißwein
Salz Pfeffer

Zubereitung

Die getrockneten Tomaten in heißem Wasser
einweichen, dann in feine Würfel schneiden.
Die Kartoffeln kochen, abkühlen lassen und
pellen. Durch eine Kartoffelpresse in eine
Schüssel drücken, Speisestärke, Kräuter, Salz,
Pfeffer und die Eier hinzugeben, alles zu einem
glatten Teig verrühren und mindestens für eine
Stunde in den Kühlschrank stellen.
Den Büffelrücken in vier Scheiben schneiden
und unter Frischhaltefolie sehr dünn klopfen.
Den Schinken auf das Fleisch legen, den
Büffelmozzarella in dünne Scheiben schneiden
und darüber verteilen. Den geputzten Spargel
in kleine Stücke schneiden, kurz andünsten,
auf den Mozzarella legen und mit Salz und
Pfeffer würzen. Das Fleisch einrollen und mit
einem Zahnstocher fixieren.

In der Pfanne kräftig von allen Seiten
anbraten und für ca. 8 Minuten bei
170 °C in den vorgeheizten Backofen
geben.
Die Kartoffelmasse zu Plätzchen formen, in Mehl und Zucker wenden und
in der Butter goldbraun braten.
Die Tomaten zusammen mit den fein
gewürfelten Zwiebeln, dem gehackten
Knoblauch und den Pinienkernen in
dem Olivenöl dünsten. Dann mit
Weißwein ablöschen und ein wenig
einkochen lassen. Sahne, frische
Kräuter und Peperoncini dazugeben
und noch einmal aufkochen lassen,
bis die Sahne bindet.
Anrichten, garnieren, servieren,
genießen!

**Flair-Hotel Neeth
Hotel & Restaurant**

Preetzer Straße 1 – 3
24211 Dammdorf bei Preetz

Telefon 0 43 42 / 8 23 74
Telefax 0 43 42 / 8 47 49

www.neeth.de

Ein guter Grund zur Einkehr ist die Rast auf einer langen Wanderung. Das „Flair-Hotel Neeth" liegt an der „Schusteracht", einem rund 64 Kilometer langen, in Form einer Acht verlaufenden Rad-, Reit- und Wanderweg am Rand der Holsteinischen Schweiz. Welche Art der Fortbewegung man auch wählt, bei Familie Neeth ist man bestens aufgehoben, denn sogar eine Gastpferdebox kann man hier mieten. Der Betrieb hat eine lange Tradition. 1951 übernahm Richard Neeth die Schank- und Gastwirtschaft „Einkehr zur Linde". Unter der Regie seines Sohns Karl Neeth und dessen Ehefrau Elke wurde der Betrieb in 1970er, 80er und 90er Jahren stetig erweitert und das Haus mehrfach aus- und umgebaut. Heute führen Kay und Silvia Neeth den Familienbetrieb. Mit Chefkoch Michael Hagelstein und seinem Souschef Christian Först hat das Haus ein engagiertes Team, das eine frische, saisonal orientierte Küche mit regionalen bis mediterranen Anklängen bietet. So finden sich auf der wechselnden Speisekarte Gerichte wie „Überbackene Holsteiner Gänsekeule in Sauer" ebenso wie „Gebratenes Dorschfilet im Ei-Parmesan-Mantel" oder „Gebratener Rücken vom Lamm mit Kräuterkruste auf gegrillten Zucchini und Tomaten" als „kleine Schlemmerei". Neben Themenwochen nach

Saison veranstaltet das Haus regelmäßig Weinverkostungen mit korrespondierenden Speisen in Zusammenarbeit mit Winzern und Weinfachhändlern, darunter Andreas Schwarz aus Preetz, der beispielsweise „Schokolade und Wein" präsentiert. Passend zur vielseitigen Küche des Hauses ist die Einrichtung des Restaurants – vom ländlichen Stil im Kaminzimmer bis hin zum mediterranen Ambiente im Wintergarten. Im Sommer sind besonders die Plätze auf der Terrasse beliebt, bei den Hotel- und Restaurantgästen ebenso wie bei den Radfahrern, Reitern und Wanderern auf der „Schusteracht".

„Man muss sich Ruheoasen gönnen",
sagt Andreas Schwarz und erholen könne
man sich am besten durch Genuss. Die
Zutaten dafür zu liefern, hat er vor einigen
Jahren zu seinem Beruf gemacht und in der
Preetzer Innenstadt einen kleinen Laden
eröffnet. Hier bietet er eine große Anzahl
Whiskys – zum Teil seltene Abfüllungen –
aus Schottland, Irland und den USA, CDs
mit „handgemachter" Musik in der Singer-
Songwriter-Tradition, Rum aus 20 Ländern,
hochwertige Schokoladen von traditionell
arbeitenden Schokoladenmanufakturen,
ausgesuchte charaktervolle Weine und einige weitere Spezialitäten an.

Bei der Auswahl zählt nicht ein großer
Name oder ein aktueller Trend. Andreas
Schwarz setzt vor allem auf Qualität und
auf das eigene Urteilsvermögen – was er
verkauft, hat er durchweg zuvor selbst verkostet und für gut befunden. Vor allem
beim bewusst überschaubar gehaltenen
Wein-Sortiment gilt: Nur, was ihn völlig
überzeugt hat und ein gutes „Preis-Genuss-
Verhältnis" bietet, findet den Weg in die
Regale.

So erhält der Kunde eine fundierte und
authentische Beratung, die ergänzt wird
durch die Möglichkeit, viele der Weine,

Whiskys und die meisten Rumsorten vor
Ort zu probieren. „Das ist Bestandteil meiner Philosophie und mein Markenzeichen",
sagt Andreas Schwarz.

Immer freitags um 19 Uhr veranstaltet er
außerdem Seminare und Verkostungen zu
verschiedenen Themen – von Einführungen
zum schottischen Single-Malt, über Wein-
proben und Rum-Verkostungen bis hin zu
Ungewöhnlichem wie einem Frauen-
Whisky-Tasting. Die Termine stehen im
Internet oder können telefonisch erfragt
werden. Eine Anmeldung ist erforderlich,
da die Teilnehmerzahl auf je zwölf Personen
begrenzt ist. Denn auch dabei soll es ge-
mütlich und entspannt und damit erholsam
und vor allem genussvoll zugehen!

schwarz
wein | whisky | musik

Kirchenstraße 27
24221 Preetz

Telefon 0 43 42 / 78 86 69
Telefax 0 43 42 / 78 86 70

www.schwarz-genuss.de

HOTEL SEESCHLÖSSCHEN

Hotel Seeschlösschen

Dünenweg 4
24321 Hohwacht

Telefon 0 43 81 / 4 07 60
Telefax 0 43 81 / 40 76 50

www.seeschloesschen-hohwacht.de

Am ruhigen Ende der Hohwachter Strand-promenade und doch mitten im Geschehen liegt das „Hotel Seeschlösschen" – direkt an der Flunder, die mit ihrem 25 Meter hohen Pylon nach ihrem Bau im Jahr 2004 schnell zum Wahrzeichen des beschaulichen Ostsee-bads avancierte. Den Namen erhielt sie ihrer Form wegen, die an den im nebenstehenden Rezept verarbeiteten Plattfisch erinnert.
Wer hier residiert, hat neben Vier-Sterne-Komfort und einem umfangreichen Beauty- und Wellnessangebot vor allem Ruhe ge-bucht und zudem einen freien Ostseeblick. Den hat man aus den meisten Zimmern und Apartments, im Strandgarten, der vom Schwimmbad und der Sauna aus zugänglich ist, und vor allem von den Plätzen an den Fenstern und auf der Terrasse des Restau-rants. Hotelgäste wie Besucher genießen hier beim Blick aufs Meer die hochwertige Küche

des Hauses. Und das bereits beim Frühstück vom reichhaltigen Buffet. Mittags serviert das Restaurant eine frische À-la-carte-Küche mit regionalen und mediterranen Akzenten. Die Karte wechselt nach Saison und minde-stens im Drei-Wochen-Takt. Über die Ab-wechslung freuen sich nicht nur die Gäste, sondern auch das Küchenteam um Chef de cuisine Nils Richter, der einen entsprechend hohen Anspruch an Frische und Qualität hat. Dem kommt auch die Abendkarte entgegen, die aus einer täglich wechselnden Menüauswahl besteht, die der Küchenmeister nach der Verfügbarkeit frischer Zutaten zusammenstellen kann – in der Regel zwei Vorspeisen und drei Hauptgerichte zur Wahl – eines mit Fisch, eines mit Fleisch und ein vegetarisches – sowie ein Dessert.
Teil der Philosophie des Hauses ist die persönliche Ansprache jedes Gastes und die

Umsetzung individueller Wünsche – im Hotelbetrieb ebenso wie im Restaurant. Zum Abendessen empfiehlt sich im Hotel Seeschlösschen eine vorherige telefonische Reservierung. Dabei kann dann auch gleich das aktuelle Menü erfragt werden. Und für Gäste, die doch einmal auf einen Tisch warten müssen, hat das Restaurantteam einen Tipp: „Einfach schon den Aperitif bestellen und damit einmal die Flunder hinauf und wieder zurück flanieren." Als weiterer Vorschlag ließe sich ergänzen: Mit dem Aperitif einen der hauseigenen Strandkörbe aufsuchen, in aller Ruhe den Blick auf das weite Meer genießen und dem sanften Rauschen der Wellen lauschen.

Flundern mit Speck und Krabben

Zutaten

4 Flundern à 400 – 500 g
400 g Krabben
400 g Speck
Rauch-Salz
Pfeffer aus der Mühle
Mehl
Zitronenbutter

Zubereitung

Die Flundern ausnehmen und säubern und die Flossen etwas kürzen. Jede Flunder von beiden Seiten mehrfach einschneiden oder alternativ die dunkle Hautseite nach einem Einschnitt vom Kopf zum Schwanz abziehen, so dass die Gewürze besser einziehen können.
Mit gemischtem Pfeffer aus der Mühle und etwas Rauch-Salz würzen und mehlieren. Den gewürfelten Speck auslassen und darin die Flundern von beiden Seiten goldbraun braten. Zuletzt die Krabben mit etwas Zitronenbutter dazugeben.

Als Beilage empfehlen sich Schlosskartoffeln. Dazu wird eine Sauce Choron gereicht. Das ist eine Variante der Sauce Béarnaise, bei der die Sauce mit Tomatenmark verrührt wird. Benannt wurde die Sauce nach dem Direktor der Pariser Oper Alexandre Stephan Choron (1772 – 1834).

Die Zahl der vorbeikommenden Radfahrer und Wanderer ließ irgendwann die Idee zu einem Café entstehen. Die Diele und der ehemalige Kälberstall wurden ausgebaut und im Mai 2004 das „Café am Steinkamp" eröffnet. „Aus der Idee wurde ein Volltreffer", erinnert sich Christa Ebert und sie berichtet schmunzelnd: „Viele Feriengäste sind ganz erstaunt, dass es in diesem verschlafenen Nest so ein Café gibt." Unterstützung erhält die Inhaberin von der Familie. „Ohne die ginge es gar nicht!", betont sie.

Inzwischen hat sich eine treue Stammkundschaft aus Einheimischen und Feriengästen entwickelt, die vor allem die selbstgebackenen Kuchen und Torten loben, weil diese nicht zu süß seien. Bis zu fünfzehn verschiedene backt Christa Ebert allein an den Sonntagen – von der bewährten Baiser-Stachelbeer-Torte über eine dunkle böhmische Apfeltorte bis zur Moccatorte nach einem Rezept der Großmutter. Hinzu kommen herzhafte Kleinigkeiten wie Schinkenbrot, Schmalzbrot oder Suppen sowie eine vielfältige Getränke- und eine kleine Weinkarte.

Für die eigenen Feriengäste und angemeldete Gruppen gibt's auch Frühstück und auch für Familienfeiern bis 30 Personen kann man den Betrieb buchen.

Ein kleiner Streichelzoo bildet im „Café und mehr am Steinkamp" das „Mehr" für die kleinen Gäste. Der Verkauf von Dekorationsartikeln und eine wechselnde Bilderausstellung ergänzen das Angebot für die Erwachsenen.

Café und mehr am Steinkamp

Steinkamp 7
24327 Futterkamp

Telefon 043 81 / 4 01 80
Telefax 043 81 / 40 18 11

www.ferienhof-ebert.de

Im Ort Futterkamp, am Ende einer Siedlungsstraße, liegt der Hof von Christa und Hans-Werner Ebert. Viel Liebe haben die beiden in den Ausbau der fünf Ferienwohnungen und die Gestaltung des Hofs im bäuerlich-ländlichen Stil investiert. Besonders Christa Eberts Leidenschaft fürs Gärtnern ahnt man von Frühling bis Herbst, weil immer etwas blüht. Im Sommer verströmen dutzende Rosen ihren Duft.

Von Kiel bis Kalifornien ist es nur ein Katzensprung, nach Brasilien nur einen Steinwurf weiter. Am Strand von Kalifornien soll einst ein Teil eines Schiffes mit dem Namen „California" angespült worden sein, doch so ganz genau weiß niemand mehr, wie die beiden Orte, Teile der Gemeinde Schönberg, zu ihrem Namen kamen. Natürlich kokettieren die Kieler gern damit, sie seien „am Wochenende mal kurz in Brasilien gewesen" oder führen „nachher noch nach Kalifornien an den Strand". Und auch wenn die Ostsee nicht der Pazifik ist – zum Meer und zu jeder Art von Wassersport hat wohl niemand in Schleswig-Holstein eine höhere Affinität als die Menschen aus Kiel und Umgebung.

Wer hier lebt, ist fast zwangsläufig größtenteils am oder auf dem Wasser groß geworden. Direkt bis ins Herz der Stadt reicht die Kieler Förde, die der Stadt ihren Namen gab. „Tom Kyle" hieß die Siedlung im Mittelalter, was soviel bedeutet wie „am Keil" – an einem Meeresarm, der wie ein Keil tief ins Land eindringt.

Nach dem zweiten Weltkrieg wurde Kiel Landeshauptstadt. Und auch die Abgeordneten und Bediensteten des Landtags können sich dem maritimen Charme kaum entziehen. Denn das 1888 erbaute Landeshaus beherbergte einst die „Kaiserliche Marineakademie" und es liegt direkt an der Förde. Aus den nach Südosten gewandten Fenstern blickt man aufs Wasser, auf die gegenüberliegenden Werften, auf die Segelschiffe und Fähren und das Treiben auf der Promenade, die hier „Kiellinie" heißt.

Über die schleswig-holsteinischen Grenzen hinaus ist eine Veranstaltung – gleichsam die maritime Hauptattraktion der Stadt – weithin bekannt und lockte in den letzten Jahren je rund drei Millionen Besucher an: die Kieler Woche.

Am 23. Juli 1882 starteten 20 Yachten zur ersten größeren Regatta, 1894 wurde erstmals in einem Zeitungsartikel der Begriff „Kieler Woche" für die Veranstaltung verwendet. Heute ist die Kieler Woche ein

LANDESHAUPTSTADT MIT MARITIMEM FLAIR

Ereignis, das weit mehr ist als ein sportlicher Wettstreit. „Das größte Sommerfest im Norden Europas", so fassen die Veranstalter das vielfältige Programm zusammen. Ein breites Spektrum an Ausstellungen, Theateraufführungen, Konzerten auf diversen Open-Air-Bühnen und in den Veranstaltungszentren der Stadt sowie Kleinkunst auf Straßen und Plätzen bilden das kulturelle Rahmenprogramm. Feuerwerke sorgen für Unterhaltung. Der internationale Markt bietet Lukullisches, Kunsthandwerk und mehr von allen fünf Kontinenten. Die „Spiellinie" an der Krusenkoppel ist die Attraktion für kleine und nicht selten auch große Kinder. Der von der Kieler Ratsversammlung formulierte Grundauftrag der Kieler Woche lautet „die Verständigung zwischen den Völkern zu verbessern und Beiträge zu leisten zum Frieden und zur Freundschaft". Man pflegt im Rahmen der Festwoche daher auch eine Tradition des politischen Gesprächs. Neben den sportlichen Veranstaltungen auf dem Wasser gibt es inzwischen auch zahlreiche

an Land. Doch natürlich bilden die Regatten mit hochkarätiger internationaler Besetzung nach wie vor das Herzstück der „Kieler Woche".

Eine der Hauptattraktionen ist die Windjammerparade jeweils am zweiten Sonnabend der Kieler Woche, an der mehr als einhundert Groß- und Traditionssegler teilnehmen. Sie lockt Jahr für Jahr tausende Schaulustige an, die die Fördeufer von der Hörn bis zum offenen Meer säumen. Wer eigens angereist ist, erkundet dabei ganz nebenbei noch das Kieler Umland. Wo sich die Förde weitet und die Segler allmählich Kurs nehmen auf ihre jeweiligen Törns, liegt auf der Westseite Schilksee, Einstieg in einen Ausflug in den Dänischen Wohld. Auf der Ostseite liegt Laboe. Wer ohnehin bis hierhin vorgedrungen ist, der sollte sich einen kleinen Abstecher nicht nehmen lassen, um zu Hause den staunenden Kollegen berichten zu können, er sei nach dem Besuch der Kieler Woche noch mal kurz in Kalifornien gewesen.

„Noch immer jagt Graf Auf durchs Land, als nächtlicher Spuk mit flackerndem Brand", so schrieb einst Johannes Arp in seinem Gedicht über die Sagengestalt des Grafen Auf. In der Propstei, nahe dem Sommerhofbusch, soll es diesen umgetrieben haben. Am Sommerhofbusch im Ort Fiefbergen liegt auch das 1840 erbaute, reetgedeckte Niedersachsenhaus der Familie Wulff. So erklärt sich der Name des Restaurants, welches die Wulffs 1998 eröffneten, nachdem sie das Gebäude mit viel Liebe zum Detail restauriert hatten. In der urigen Atmosphäre der alten Diele und der Abseiten, im Sommer bevorzugt im Garten, speist man ländlich bis maritim – im Winter findet man Wild aus der eigenen Jagd auf der Speisekarte, im Sommer frischen Fisch aus der Ostsee und den nahegelegenen Binnenseen. Küchenchef Ralf Harrer versteht es, auch traditionellen Speisen mit frischen Produkten aus der Region eine Spur mediterraner Leichtigkeit zu geben.

Wer im Landgasthof „Der Alte Auf" essen möchte, der sollte am besten vorher anrufen, denn mit seinen 120 Plätzen ist der Landgasthof auch ein beliebter Ort für Firmen- und Familienfeiern. Vor allem an

den Wochenenden im Sommer finden häufig Hochzeiten statt. Inhaber Christopher Wulff berät die Paare gern bei der Auswahl des passenden Menüs und der Weine und übernimmt auf Wunsch einen Teil der Organisation von der eigentlichen Feier bis hin zur Trauung im Garten.

Den umherspukenden Grafen Auf soll übrigens noch keiner der Gäste im Landgasthof gesehen haben, wohl aber ein flackerndes Feuer – das im Kamin, in dessen Nähe die beliebtesten Plätze in der alten Diele liegen.

Landgasthof
Der Alte Auf

Am Dorfteich 15
24217 Fiefbergen

Telefon 0 43 44 / 41 55 25
Telefax 0 43 44 / 44 88

www.der-alte-auf.de

RESTAURANT BALTIC BAY

Deftiges aus Pütt und Pann findet man ebenso wie leichte Gerichte mit mediterranen Anklängen, kreative Salatvariationen und „Hits für Kids". „Das Angebot ist genauso bunt wie unsere Gästeschar", fasst Jeannette Prey dies zusammen „und ebenso vielfältig ist unsere Weinkarte".
Die Hotelfachfrau zeichnet für Organisation und Service verantwortlich. Ihr Ehemann Andreas Prey und sein Souschef André Stoehr führen ein zehnköpfiges Küchenteam, das alle Speisen stets frisch zubereitet. „Wir verwenden keine Convenience-Produkte, keine Farbstoffe, keine Aromen. Es wird alles vor Ort selbst gemacht", betont der Küchenchef, der zudem immer auf der Suche ist nach Neuem und Ungewöhnlichem, das er auf die Karte bringen kann. Lieferanten wie der Fischer Kruse aus Laboe, der das Haus mit fangfrischem Fisch beliefert und der „Rungis Express", über den bisweilen exotische Zutaten bezogen werden, garantieren höchste Qualität.

Restaurant Baltic Bay

Fördewanderweg 2
24235 Laboe

Telefon 0 43 43 / 4 24 20

www.restaurant-balticbay.de

Wenn zum Abschluss der Kieler Woche im Rahmen der Windjammerparade Großsegler und historische Schiffe auslaufen, dann hat man auf der Terrasse des „Baltic Bay" einen Logenplatz. Den freien Blick auf die Kieler Förde genießen nicht nur die zahlreichen Segler, deren Boote hier in der großen Marina liegen, sondern auch Einheimische aus dem gesamten Kieler Umland, Feriengäste und die Wanderer auf dem Fördewanderweg, der gleich hinter dem Restaurant vorbeiführt.
Die reichhaltige Speisekarte bietet nationale und internationale Gerichte und hat ihren Schwerpunkt bei fangfrischem Fisch. Sie wird durch eine Wochenkarte und Tagesangebote nach Saison ergänzt. Regionale Speisen „typisch Holstein" und

Kartoffeln kochen. Fenchel halbieren, den Strunk herausschneiden und in feine Streifen schneiden.
Das Suppengemüse in Würfel schneiden. Das Dorschfilet in Stücke teilen. Die Hälfte der Stücke panieren. Dazu zunächst in Mehl wenden, dann durch das geschlagene Ei ziehen und zuletzt in einer Mischung aus Paniermehl und den Kräutern wenden. Das Suppengemüse in etwas Öl anschwitzen, etwas Wasser, Weißwein und Salz hinzugeben. Die unpanierte Hälfte der Dorschfilet-Stücke darauflegen, das Ganze abdecken und 5 bis 7 Minuten bei mittlerer Temperatur dünsten.
In einer Pfanne etwas Butter zerlassen und darin den panierten Fisch von beiden Seiten anbraten. Den gedünsteten (unpanierten) Dorsch aus dem Fond nehmen. Den Fond mit etwas angerührtem Mehlwasser binden. Senf und Sahne hinzugeben, kurz aufkochen lassen und abschmecken.
Den Fenchel in heißem Olivenöl anschwenken und mit Meersalz abschmecken.
Den gebratenen Dorsch auf dem gebratenen Fenchel, den gedünsteten Dorsch daneben anrichten. Kartoffeln ebenfalls auf den Teller legen. Die Dijonsenf-Sahne-Soße darüber verteilen.

Die einmalige Lage an der Kieler Förde macht das Haus auch zu einem beliebten Ort für Festlichkeiten. Den besonderen Rahmen dafür bietet das „Oberdeck" im ersten Stock mit seinem außergewöhnlichen Blick auf den Yachthafen und die Förde. Ein reizvolles Ambiente für Hochzeiten, Jubiläen, Geburtstage oder auch Präsentationen.

Als im Jahr 2005 der Betrieb eröffnet wurde, stand auch gleich eine Feier auf dem Programm. „Um 16 Uhr verließen die letzten Handwerker das Haus, um 20 Uhr musste das Essen fertig sein. Das bescherte uns ein paar Stunden Schwitzen", erzählt Jeannette Prey schmunzelnd.

Eigene Veranstaltungen, beispielsweise der „Große Förde Brunch" oder lokale Feste wie die "Laboer Dorschtage" sind dem Kulinarischen Kalender zu entnehmen. Darin sind auch die Termine der Kieler Woche oder des Laboer Hafengeburtstags vermerkt mit dem Hinweis:
„Bei uns schlemmen Sie in der ersten Reihe!"

Variation vom Dorsch auf gebratenem Fenchel
(für je 1 Person)

Zutaten

220 – 250 g frisches Dorschfilet
1 Fenchelknolle
Olivenöl
Meersalz
5 – 6 kleine Kartoffeln (neue oder Le Rette)
Eier
Paniermehl
Butter
7-Kräutermischung (TK) oder frischer Bärlauch
Mehl
1 Bund Suppengemüse
Weißwein
Sahne
körniger Dijonsenf

HOTEL KIELER YACHT CLUB

wurde dieser in den „Kaiserlichen Yacht-Club" umbenannt, dem Kaiser Wilhelm II. als Kommodore vorstand. Den Glanz der Kaiserzeit spürt man noch heute in den Veranstaltungsräumen wie dem „Kaisersaal" und in vielen dekorativen Details.

Nach dem Krieg gründete sich der Club unter dem Namen „Kieler Yacht Club" neu, unter dem das Haus heute jedem Kieler ein Begriff ist. In den kommenden Jahren erfolgten zahlreiche Wiederaufbau-, Umbau- und Erweiterungsmaßnahmen der Gebäude. Seit Mitte der 1950er Jahre wurde das heutige 4-Sterne-Haus auch als Hotel genutzt. Zur Olympiade 1972 wurde nochmals erweitert und es entstand ein Restaurant über zwei Ebenen, ausgestattet mit einer Sonnenterrasse mit Blick auf die Marina und auf die Kieler Förde.

In der Küche des Kieler Yacht Clubs wirkt Torben Alpers, den es nach seinen „Wanderjahren" zurück in die Heimatstadt und zurück in den Betrieb zog, in dem er Mitte der 1990er Jahre seine Ausbildung absolviert hatte. Alpers setzt auf zwei wichtige Faktoren: Qualität und Frische. „Und ich möchte vielseitig bleiben", sagt er mit Verweis auf die ständig wechselnde Karte, auf Tagesempfehlungen je nach Angebot an frischen Zutaten und auf den Kulinarischen Kalender, der stets aktuell im Internet abgerufen werden kann. Auch in der Küche des Hauses ist ein maritimer Einfluss nicht zu leugnen. Fisch in allen erdenklichen Variationen, von Forellenstrudel bis Räucherfisch, von sibirischem Stör bis zu den unausweichlichen Kieler Sprotten, wird um holsteinische und saisonale Spezialitäten wie Lamm, Wild oder Geflügel bereichert. Was die Weinkarte angeht, setzt das Haus auf bewährte, verlässliche Tropfen aus allen Anbaugebieten. Restaurantleiterin Sonja Vahle berät den Gast gern bei der Auswahl.

„Wir wollen überzeugen durch Qualität und Service", fasst die Hotelleitung das Credo zusammen, unter dem das Haus, seit Juli 2007 ein Unternehmen der „ThyssenKrupp Delice GmbH", arbeitet.

Hotel Kieler Yacht Club

Hindenburgufer 70
24105 Kiel

Telefon 04 31 / 8 81 30
Telefax 04 31 / 8 81 34 44

www.hotel-kyc.de

Alles, was die schleswig-holsteinische Landeshauptstadt Kiel ausmacht – die Förde, die Affinität zum Wasser im Allgemeinen und zum Segelsport im Besonderen, maritimes Flair und Weltoffenheit – all das repräsentiert auch das „Hotel Kieler Yacht Club". Das Haus blickt auf eine lange Tradition zurück. 1887 wurde im Gebäude der Kieler Marineakademie von Offizieren der „Marine-Regattaverein" gegründet. Vier Jahre später

Saltimbocca vom Seeteufel mit getrüffeltem Kartoffelpüree, karamellisiertem Frühlingslauch und Madeirajus

Zutaten

1 kg Seeteufelfilet oder pro Person
3 Stücke à 80 g
800 g Kartoffeln
100 g Butter
300 ml Milch
Öl
Salz
Muskatnuss
Pfeffer
1 Zitrone
Brauner Zucker
Weißwein
12 Scheiben Parmaschinken
12 schöne Salbeiblätter
4 Stangen Frühlingslauch
300 ml Grundsauce
60 ml Madeira
4 Zweige Dill

Zubereitung

Die Kartoffeln in Salzwasser kochen. Milch mit Butter, Salz und Muskatnuss einmal aufkochen lassen.
Die Seeteufelfilets je auf eine Scheibe Parmaschinken legen und mit etwas Zitronensaft beträufeln. Je ein Salbeiblatt darauflegen und den Fisch anschließend im Schinken einwickeln.
Die fertig gekochten Kartoffeln mit einer Kartoffelpresse zerdrücken und die aufgekochte Milch durch ein Sieb hinzugeben. Das Ganze kräftig glattrühren.
Den Fisch in einer Pfanne mit etwas Öl bei mittlerer Hitze etwa 2 Minuten von jeder Seite anbraten, dann für etwa 5 Minuten in den auf 160 °C vorgeheizten Backofen stellen.
Die Grundsauce mit Madeira bei mittlerer Hitze etwa 10 Minuten reduzieren und mit Salz und Pfeffer abschmecken.
Für den Frühlingslauch etwas braunen Zucker in einer Pfanne leicht karamellisieren lassen und den kleingeschnittenen Lauch hinzugeben, mit etwas Weißwein ablöschen und würzen.

Das Kartoffelpüree in die Mitte eines Tellers geben. Die Seeteufelstücke an das Kartoffelpüree legen und den Frühlingslauch darübergeben. Zuletzt die Madeirajus darum verteilen und das Gericht mit einem schönen Zweig Dill ausgarnieren.

93

PAUL HEYCK

Kaffee, der hinter dem Verkaufsraum täglich frisch geröstet wird, und Tee aus den vier wichtigen Anbauregionen Darjeeling und Assam in Indien, Ceylon und China sowie weiteren Gebieten in Asien und Afrika. Inhaber Peter Vagt, der in den 1970er Jahren bei einem der großen Hamburger Teebarone gelernt und die Ursprungsländer vielfach bereist hat, ist Teeexperte aus Leidenschaft und erledigt den Einkauf selbst. Täglich morgens, „wenn die Geschmacksnerven am sensibelsten sind", wie er erläutert, verkostet er die eigens eingeflogenen Teeproben. „Das hat beinahe rituellen Charakter", erzählt er, „man trinkt Tee und telefoniert dabei mit der Welt." Denn um sich die besten Chargen der ersten Ernte, des so genannten „First Flush", zu sichern, muss Vagt schnell entscheiden und sein Gebot abgeben. Und auch wenn er sich aufgrund seiner jahrelangen Erfahrung auf sein sensorisches Gespür verlassen kann, bekennt er: „Wenn ich einen Tee eingekauft habe, dann schlafe ich schlecht, bis der erste Kunde die Rückmeldung gibt, dass er gut ist."

Die engen und langjährigen Kundenbeziehungen im Versandgeschäft, die zum Teil weit über die Grenzen Kiels hinausreichen,

**Paul Heyck
Radbruch Nachfolger**

Teehandlung
Kaffeerösterei & Versand

Faulstraße 2a
24103 Kiel

Telefon 04 31 / 9 41 74
Telefax 04 31 / 9 68 73

www.heyck.de

Mit jedem Kunden, der die Tür der Teehandlung und Kaffeerösterei „Paul Heyck" öffnet, verströmen sich die Düfte aus dem Innern in die Faulstraße. Ist man erst eingetreten, fühlt man sich in eine andere Zeit versetzt. Ein langer Verkaufstresen umspannt den Raum, dahinter Regale bis unter die Decke. Bis zu einem Dutzend Mitarbeiter mit weißen Kitteln oder Schürzen bedienen die Kunden, portionieren auf alten Balkenwaagen Tee aus großen Blechdosen in kleine Tütchen. Manches liebevoll ausgewählte Detail, wie die Leuchten und die Kasse, verstärken den Eindruck, man befände sich in einem Kolonialwarenladen anno 1900. Und in der Tat sind es traditionelle Kolonialwaren, die man hier kaufen kann – vor allem eben

Ananas-Bowle

Zutaten

6 TL Tee
3 Scheiben Ananas
Zitronensaft
kandierter Ingwer (nach Geschmack)
1 Flasche Mineralwasser

Zubereitung

Den Tee aufbrühen und 5 Minuten ziehen lassen, abgießen und kalt stellen.
Die Ananasscheiben in kleine Stücke schneiden und mit Zitronensaft beträufeln. Den kalten Tee darüber gießen und das Ganze in den Kühlschrank stellen und über Nacht ziehen lassen. Vor dem Servieren eine Flasche Mineralwasser und den fein gehackten Ingwer dazugeben.
Eine kühle Erfrischung an heißen Tagen!

liegen Vagt besonders am Herzen. Er erzählt von einer Familie in München, die einmal in der Woche ein Paket bekommt: „Der Postbote kündigt wohl inzwischen immer schon den ‚Kaffee aus Kiel' an." Und er weiß von Kunden, deren Eltern und Großeltern schon bei „Paul Heyck" einkauften. Bereits seit 1840 besteht die Firma unter diesem Namen. Vor gut 100 Jahren übernahm Ludwig Vagt das Geschäft und übergab es nach dem zweiten Weltkrieg an seinen Sohn Herbert. Auch damals war der Laden in der Faulstraße in Kiel die erste Adresse für Kaffee und Tee. Peter Vagt, der als Kind in den 1950er Jahren praktisch in und um den Betrieb aufwuchs, erzählt gern aus dieser Zeit. Vom Studenten, der Hausfrau mit der Kittelschürze, dem Konsul und dem Schleswig-Holsteinischen Landadel, die hier alle gleichermaßen einkauften und

von den Angestellten gleichermaßen zuvorkommend bedient wurden und werden. Heute wird in der Kaffeerösterei neben vielen Mischungen aus hochwertigen Hochland-Arabica-Sorten auch ein doppelt gerösteter Espresso oder eine Wiener Melange hergestellt. Neben Schwarztee gibt es koffeinfreien Roibusch- und grünen Tee. Und sowohl Kaffee als auch Tee werden vor Ort in Kiel aromatisiert. Alles in allem kommt so ein Sortiment von über 250 Sorten Tee und gut 30 Sorten Kaffee zusammen, dazu feinster Kakao und edle Schokoladen. Und auch wenn Peter Vagt stets die aktuellen Trends in seinem Geschäft umsetzt, verliert er dabei eines nicht aus den Augen: die besondere Atmosphäre des Ladens -„den Zauber", wie er selbst sagt – zu bewahren.

FISCHERS FRITZ IM HOTEL BIRKE

Auch in der Küche des Restaurants „Fischers Fritz" verbindet sich Tradition und Moderne auf gelungene Weise. Typisch schleswig-holsteinische Zutaten von „vor dem Deich" und „hinterm Deich", wie es auf der Speisekarte heißt, werden auf innovative Art zubereitet und präsentiert. Küchenchef Uwe Thomsen, seit März 2006 im Haus, bringt sich dabei mit ganzer Seele ein. „Schleswig-Holstein? Das fühl ich, das gehört zu mir", sagt er. Sein Können hat er in einigen der besten Häuser der Republik erworben und verfeinert, unter anderem in den mit je einem Michelin-Stern ausgezeichneten Häusern „Louis C. Jacob" in Hamburg und „Andresens Gasthof" in Bargum. Fangfrischer Fisch aus der Ostsee und von den Fischereien an den Binnenseen, Lamm aus Nordfriesland, Käse von Betrieben der Käsestraße, Kartoffeln aus Ostholstein, Wild aus der hiesigen Jagd und andere Zutaten aus der Region werden in der Showküche des Restaurants durch Thomsen und sein Team unter den Augen der Gäste stets frisch zubereitet.

Bei der Auswahl des passenden Weins zu Gerichten wie „Im Kräuteröl gebratener Streifenbarsch aus der Aquakultur Ecomares mit Orangen-Ingwersauce und gegrilltem Fenchel" oder „Rosa gebratene Tranche vom Schleswig-Holsteiner Salz-

Fischers Fritz im Hotel Birke

Martenshofweg 8
24109 Kiel

Telefon 04 31 / 5 33 14 35
Telefax 04 31 / 5 33 13 33

www.hotel-birke.de

Die Verbindung von Tradition und Moderne ist Familie Birke ein Anliegen. Bis ins Jahr 1773 lässt sich die Geschichte zurückverfolgen, in der sich die einstige „Schankstube Hasseldieksdamm" über das Gasthaus „Waldesruh" zum heutigen „Hotel Birke" fortentwickelte. Heute präsentiert sich das Haus als modernes Business- und Wellnesshotel mit vier Sternen und diversen Auszeichnungen. Und auch die historischen Räumlichkeiten des „Waldesruh" werden seit einiger Zeit wieder genutzt, vor allem für Veranstaltungen. Junior-Chef Christian Birke freut sich: „Wir sind ein Familienunternehmen, welches gewachsen ist. Es macht einfach Spaß, das fortzuführen."

wiesenlammrücken mit Kirschsauce, Teltower Rübchen und Kartoffeltaler" hilft Restaurantleiterin Alexandra Hoffmann. Die über 120 Positionen umfassende Weinkarte stellt Christian Birke selbst zusammen und auch dabei legt er Wert darauf, vor allem deutsche Weine auszusuchen. Es ist ihm eine Freude, so sagt er, „den Gast herausfinden zu lassen, dass deutsche Weine auch Spaß machen!"
Eine anspruchsvolle Küche in einem modernen Business- und Wellnesshotel – das lässt sich zu „Erholung pur" kombinieren.
Das Haus bietet ein umfangreiches Frühstücksbuffet „norddeutscher Art" an. Auch Gäste, die nicht im Hotel übernachten, können anschließend den fast 1000 Quadratmeter großen Wellnessbereich des „Hotel Birke" nutzen. Dieser ist mit einem Schwimmbad, verschiedenen Saunen, einem Tipidarium, einem Rasul-Bad, einem Sole-Dampfbad und noch viel mehr ausgestattet. Und wie anders sollte man einen Tag der Entspannung ausklingen lassen, als im Restaurant bei kulinarischen Genüssen vom Land und aus dem Meer?

Karbonade vom Dorsch auf Apfel-Lauch-Gemüse mit Dijon-Senf-Schaum

Zutaten

ganzer Dorsch ohne Kopf
1/4 l Weißwein
1/8 l Fischfond
Salz
Pfeffer
2 Lorbeerblätter
5 Nelken
4 EL körniger Dijon-Senf
1 Zwiebel
3 Eigelb
200 g Butter
2 Stangen Porree
2 Äpfel (Holsteiner Cox)

Zubereitung

Den Weißwein zusammen mit dem Fischfond aufkochen und mit Salz würzen. Die Zwiebel schälen, die Lorbeerblätter mit den Nelken an die Zwiebel stecken und in den Sud geben. Den Dorsch in 4 Stücke zerteilen, in den Sud legen und zugedeckt 10 Minuten ziehen lassen (es darf nicht mehr kochen).
Den Porree waschen und in grobe Würfel schneiden. Die Äpfel vierteln, die Kerngehäuse entfernen und in Scheiben schneiden.
Die Eigelbe mit etwas Weißwein im Wasserbad aufschlagen und die flüssige Butter langsam einrühren. Nun mit Salz, Pfeffer und dem Dijon-Senf abschmecken und etwas von dem Sud unterrühren.
Den Porree in ein wenig Butter anschwitzen, die Äpfel zugeben und mit Salz und Pfeffer abschmecken. Dazu passen Dillkartoffeln.

LANDGASTHOF „ZUR EICHE"

urig-rustikale und mit viel Liebe zum Detail
eingerichtete Gaststube den gemütlichen
Charme einer historischen alten Krugwirt-
schaft unterstreicht.

Die Speisekarte kommt bodenständig-regio-
nal und doch vielfältig daher.
Hausmannskost „nach Landfrauenart" von
Grünkohl bis Sauerfleisch gibt es hier
ebenso wie Gerichte mit Ente, Lamm, Wild
oder Ostseefisch, die unter der Regie von
Küchenchef Thomas Fein frisch zubereitet
werden. Neben der festen Karte gibt es
Tagesempfehlungen nach Saison und
Marktverfügbarkeit. Eine Besonderheit sind
Gerichte mit Fleisch vom Galloway-Rind.
Denn das kommt aus eigener Aufzucht.
Nachmittags ergänzen hausgemachte
Kuchen und Torten das Angebot und im
Sommer lädt der Biergaren zu jeder
Tageszeit zum Verweilen ein. Das Haus
verfügt zudem über einen großen Saal
mit Theaterbühne, der vom Volkstheater
„Speeldeel Dänischenhagen" für Auf-
führungen genutzt wird. Er kann natürlich
auch für Familienfeiern gebucht werden.
Und wer danach nicht mehr nach Hause
fahren mag, dem steht eins der einfachen
Gästezimmer zur Verfügung. Kurzum: Das
Haus hat sich die Vielfalt bewahrt, die
einen traditionellen schleswig-holsteinischen Gasthof auszeichnet.

Landgasthof „Zur Eiche"
Restaurant & Café
Biergarten

Mühlenstraße 1
24229 Dänischenhagen

Telefon 0 43 49 / 91 35 51
Telefax 0 43 49 / 91 42 55

www.landgasthof-zur-eiche.com

So wechselvoll wie die Geschichte des
Ortes Dänischenhagen, der mal unter deutscher, mal unter dänischer Hoheit stand,
so wechselvoll ist auch die Geschichte
des Landgasthofs „Zur Eiche" seit seiner
Gründung um 1575. Und so, wie über die
Zeit die Eigentümer oder Pächter wechsel-
ten, wurde auch der Name dutzende Male
geändert. Den heutigen Namen erhielt er erst
um 1950. Namensgebend waren dabei nicht
etwa die großen, alten, schattenspendenden
Bäume vor dem denkmalgeschützten Haus,
sondern die Kieler Brauerei „Eiche", die
damals das Bier für den Ausschank braute.
Heute führen Carl-Wilhelm Raddant und
Anne-Christina Reher den Betrieb, dessen

ANGELN UND SCHWANSEN – DIESSEITS UND JENSEITS DER SCHLEI

„Die schöne Schwester der Ostsee" nennen die Schleswig-Holsteiner die Schlei liebevoll. Sie ist ein mehr als vierzig Kilometer ins Landesinnere reichender Ostseearm, an einigen Stellen schmal wie ein Fluss, an anderen so breit, dass man sie für einen See halten möchte. Ihre Ufer sehen nirgends gleich aus. Schilfbestandene Buchten, malerische Auen, naturbelassene Badestellen mit sandigem Grund, Weideland und Äcker, die bis ans Wasser reichen, säumen ihren Lauf. Im frühen Mittelalter bereits machte sie die weit im Landesinneren gelegene Wikingersiedlung Haithabu und später das um 1200 gegründete Schleswig zum Seehafen und damit zu einem wichtigen

Handelszentrum. Heute ist sie vor allem ein beliebtes Wassersportrevier. Fast jeder Ort, der nur nah genug am Wasser liegt, verfügt über Bootsliegeplätze. Arnis, mit kaum mehr als 300 Seelen die kleinste Stadt Deutschlands, beherbergt zur Saison wahrscheinlich mehr Segler, als sie Einwohner hat. Wer nicht selbst über ein Boot verfügt, kann die Schlei auf einem der Ausflugsschiffe ab Kappeln oder Schleswig erkunden. Doch auch das Land ringsherum ist eine Reise wert.

Die Schlei ist die Trennlinie und zugleich das Verbindende zwischen den Landesteilen Angeln, welches nördlich bis zur Ostsee reicht, und Schwansen, das sich nach Süden bis zur Eckernförder Bucht erstreckt. Zu Fuß, mit dem Fahrrad oder auch mit dem Auto kann man sich um und über die Schlei schlängeln. Querungen sind die Brücke in Kappeln, die Fähren in Arnis und Missunde und die ungewöhnliche Klappbrücke in Lindaunis. Letztere hat nur eine einzige Spur für Fahrzeuge aller Art. Vorfahrt hat der Regionalzug der Strecke Kiel – Flensburg. Für Autos ist sie in der übrigen Zeit eine Einbahnstraße mit wechselnder Richtung. Einmal stündlich wird die Brücke im Sommer zudem für den Schiffsverkehr geöffnet. Man sollte also eine Portion Gelassenheit mitbringen, will man hier auf die andere Seite gelangen. Doch letztlich ist dies nur ein Stopp unter vielen, die man in Angeln und Schwansen einplanen sollte. Und wer die erforderliche Gelassenheit nicht schon mitbringt, der nimmt die Ruhe in sich auf, die die Landschaft ausstrahlt. Was sie ausmacht, sind die immer wieder neuen Ansichten auf die Schlei, idyllische Weidelandschaften mit blühenden Knicks, hügelige Felder, die zur Rapsblüte gelb leuchten, lichte Buchenwälder, Moore und Noore, sich vielfach windende Wege und Straßen, alte Dörfer mit mittelalterlichen Granitquader- oder Backsteinkirchen, Fischersiedlungen mit reetgedeckten Katen, malerische Städte mit Geschichte, Schlösser, Herrenhäuser und die Ostsee.

Nicht umsonst hat auch das Fernsehen die Region für sich entdeckt. Schon seit 1986 dreht das ZDF hier die Vorabendserie „Der Landarzt" rund um „Dr. Karsten Matthiesen" beziehungsweise seinen Nachfolger „Dr. Uli Teschner", der seine Praxis im erdachten Ort Deekelsen hat. Deekelsens Kneipe mit dem Stammtisch des Landarztes liegt eigentlich in Kappeln, der reetgedeckte Hof mit der Praxis in Lindaukamp nahe Lindaunis. Daneben sind Eckernförde, Schleswig, viele kleine Dörfer, die Kappelner Umgebung, kurzum ganz Angeln und Schwansen Drehorte. Dass es Deekelsen eigentlich nicht gibt, hält die findigen Tourismusexperten der Region nicht davon ab, es gleichsam auf

die Landkarte zu setzen. Sogar eine eigene Homepage gibt es. Und natürlich wissen auch Hoteliers und Gastronomen beiläufig darauf hinzuweisen, dass der eine oder andere Darsteller schon einmal bei ihnen genächtigt, gespeist oder auch nur verweilt hat.

Doch auch wen vor allem die Aussicht anlockt, auf den Spuren der Schauspieler Christian Quadflieg, Walter Plathe, Antje Weisgerber oder dem schleswig-holsteinischen Urgestein Heinz Reincke zu wandeln, wird sie schnell für sich entdecken: die Einzigartigkeit der Landschaften diesseits und jenseits der „schönen Schwester der Ostsee".

RESTAURANT ÉPINARD

zugleich eine Zutat, die der Koch Horst Hinrichs, wie der Blick in die Speisekarte verrät, durchaus gerne verarbeitet: Spinat. Hinrichs ist vor allem eines wichtig: die frische und individuelle Zubereitung eines jeden Gerichts „à la minute". „Nur so kann ich flexibel auf die Wünsche der Kunden reagieren", betont er. Stammgäste, so führt er weiter aus, würden inzwischen auch schon mal mit den Worten „Mach mal!" bestellen und sich von einem Gericht oder Menü überraschen lassen. Und Stammgäste hat das Restaurant, das bald nach seiner Eröffnung im Jahr 2005 als Geheimtipp gehandelt wurde, derweil viele. Abhängig vom Marktangebot und der Verfügbarkeit ungewöhnlicher Zutaten wird die Speisekarte um besondere Angebote ergänzt oder die Zubereitung variiert. „Unser Vorspeisenteller beispielsweise ist nicht immer gleich, aber immer gut", führt Ursula Köhler an, die für den Service und „alles drum herum" verantwortlich ist. Die passenden Weine kommen allesamt von einem badischen Winzer, dem Weingut Fritz und Markus Güntert in Sulzburg-Laufen im Markgräflerland, das mit weißen und roten Rebsorten von Gutedel bis Zweigelt alle Bereiche bestens abdeckt. Jeweils sonntags nachmit-

Restaurant Épinard
Cuisine à la minute

Kreisstraße 13
24354 Borgwedel

Telefon 0 43 54 / 99 63 56
Telefax 0 43 54 / 99 63 57

www.epinard.de

Auf dem Vordach sitzt ein Seemann und wenn man die Tür zum Restaurant öffnet, zieht ein „Begrüßer" den Hut. Das Mobiliar besteht aus antiken Stücken, ein Kachelofen heizt den Raum. Alte Radios und dutzende andere, liebevoll zusammengetragene Dekorationsgegenstände schmücken die Wände. Und unter der Decke hängen Musikinstrumente aus der ganzen Welt – von Alphorn bis Zither. Gut 200 Stück mögen es sein, seit langem hat sie niemand mehr gezählt. Vieles an der Einrichtung des Restaurants „Épinard" bietet Gesprächsstoff – unter den Gästen ebenso wie zwischen diesen und den Inhabern Ursula Köhler und Horst Hinrichs oder den Servicekräften – und trägt so zu einer angenehm entspannten Atmosphäre bei.
Auch der Name „Épinard" soll den Bistrocharakter unterstreichen und benennt

tags gibt es im „Épinard" auch selbstge-
backene Kuchen und Torten.

„Für was auch immer" hatte Ursula Köhler
das 1901 erbaute Gebäude, eine alte
Meierei, gekauft. In Horst Hinrichs fand
sie den passenden Geschäftspartner.
Gemeinsam ersannen sie nach und nach
die Bausteine ihres Konzepts, das neben
dem Restaurant auch einen kleinen Verkauf
von Kunsthandwerk aus Ursula Köhlers
Heimat, dem Erzgebirge, feinen „Zotter"-
Schokoladen und mehr umfasst. Überwiegend in Eigenleistung renovierten sie das
Haus. „Unser Projekt wuchs so nach und
nach", erzählt Ursula Köhler und sie ergänzt: „Eigentlich wächst es noch immer."
Eine kleine Lounge wollen die beiden noch
einrichten und Tapas servieren „ganz so
wie in Spanien". Auch für Veranstaltungen
wie Lesungen oder Musikabende haben sie
viele Ideen. Dass auch die Dekoration, vor
allem die Sammlung an Musikinstru-
menten, weiter wachsen wird, daran
besteht kein Zweifel. „Die laufen uns quasi
zu", erzählt Horst Hinrichs mit einem
Augenzwinkern.

Fischsuppe

Zutaten

50 g Butter
100 g Gemüse (Karotten, Sellerie,
Lauchzwiebeln)
50 g Zwiebeln
1 cl Pastis (Picard)
500 ml Gemüsefond
200 ml Sahne
Kartoffelstärke
100 g Muschelfleisch
100 g Krebsfleisch
100 g Scampi
100 g Zanderfilet
Salz
Pfeffer
frische Kräuter nach Belieben
Knoblauch

Zubereitung

Das Gemüse in Streifen schneiden,
die Zwiebeln fein würfeln. Die Butter
in einem Topf zerlassen, Zwiebelwürfel und Gemüsestreifen darin
anschwitzen. Mit dem Pastis flambie-
ren. Dann den erhitzten Gemüsefond
und die Sahne auffüllen, etwa eine
halbe Minute köcheln lassen und
nach Bedarf mit Kartoffelstärke leicht
abbinden. Mit Salz und Pfeffer kräftig
abschmecken.
Zanderfilet und Scampi in gleich
große Stücke schneiden und zusammen mit dem Muschel- und dem
Krebsfleisch in den Fond geben.
Diesen noch einmal gut erhitzen, aber
nicht kochen. Zum Schluss nach
Geschmack frische Kräuter und einen
Hauch Knoblauch hinzugeben.

LOBSTER

Lobster
Restaurant – Café – Bistro

Am Weidefelder Strand
24373 Kappeln

Telefon 0 46 42 / 84 44
Telefax 0 46 42 / 98 74 31

www.lobster-kappeln.de

Gut für die Besucher des Weidefelder Strands, dass sich genau dort das Restaurant „Lobster" befindet, in dem man sich nach einem Strandaufenthalt stärken kann. Und gut für die Gäste des Restaurants „Lobster", dass es direkt am Weidefelder Strand liegt, sodass man nach einem leckeren, opulenten Abendessen noch einen kleinen Strandspaziergang machen kann. Ganz zu schweigen von der schönen Aussicht, die man bereits während des Essens genießt – zur einen Seite die Felder, zur anderen der Strand und das weite blaue Meer. „Die Sonne scheint, man sieht die Wolken ziehen und über den Dünen schwebt eine Kornweihe. Man schaut hinaus und entspannt total", sagt Restaurant-Inhaber Theodor Kalmar, der zugleich Pächter des insgesamt zwei Kilometer langen Strandabschnitts ist. Als Betreiber ist er

verantwortlich für die gesamte Infrastruktur von der Strandkorbvermietung bis hin zur Surfschule – und eben auch für die Gastronomie.

Bewusst ließ er das Holzhaus, in dessen Erdgeschoss auch ein Strandimbiss untergebracht ist, so bauen, dass man im hell und offen gestalteten Obergeschoss hoch über den Dünen sitzt und durch großzügige Glasfronten aus dem Café und Restaurant einen weiten Blick hat. Selbst drinnen fühlt man sich, als säße man im Freien.

Für die international ausgerichtete Küche zeichnen der Deutsch-Däne Peer Hartwig und der Deutsch-Spanier René Schulz verantwortlich sowie Theodor Kalmar selbst, der einfach gern in der Küche mitmischt. Es gibt eine Sommer- und eine Winterspeisekarte, die nach Marktangebot um Spargel, Hering, Wildgerichte oder andere saisonale Klassiker ergänzt wird. Fisch, von geräucherten Spezialitäten aus der Räucherei Föh in Kappeln bis hin zu frischem Ostseefisch, darf natürlich nicht fehlen. Bekannt ist das „Lobster" vor allem für seinen Dorsch aus eigenem Fang, der in verschiedenen Zubereitungsarten serviert wird. Aber auch besonders üppige Salate, leckere Pfannkuchen und der stets gut gelaunte Service unter der Leitung von Kalmars Lebensgefährtin Christine Röhrchen locken Einheimische und Feriengäste gleichermaßen zu jeder Tageszeit an den Weidefelder Strand. Und wenn gelegentlich bei einem Spezialitätenabend oben ein frischer Hummer serviert wird, während unten gerade ein Badegast eine Portion Pommes frites bestellt, dann kommentiert Theodor Kalmar das mit einem Lächeln: „Den Spagat machen wir leicht!" Komplettiert wird das Angebot durch hausgemachte Kuchen und Torten, die nachmittags zu Kaffee- und Teespezialitäten serviert werden, und durch ein reichhaltiges Frühstücksbuffet jeweils sonntags morgens. Und natürlich macht die besondere Lage direkt am Strand das Café und Restaurant „Lobster" auch zu einem idealen Ort für Familienfeiern, die den Gästen schon allein wegen des erhabenen Panoramablicks aufs Meer in unvergesslicher Erinnerung bleiben werden.

Zander im Salbei-Speckmantel auf Apfel-Lauch-Gemüse

Zutaten

4 Stücke Zanderfilet je ca. 200 g
4 Blatt Salbei
8 dünne Scheiben durchwachsener Speck
Zitrone
2 Äpfel
Weißwein
400 g Porree
2 rote Zwiebeln
200 g Lauchzwiebeln
600 ml Sahne
Olivenöl
Salz
Pfeffer

Zubereitung

Die Zanderfilets an der Hautseite ziselieren und je ein Blatt Salbei unter die Haut stecken. Anschließend mit je zwei Scheiben Speck einwickeln. Etwa vier Minuten auf der Hautseite in wenig Öl braten, dann wenden und zwei bis drei Minuten auf der anderen Seite ziehen lassen. Mit Salz, Pfeffer und Zitronensaft würzen.

Für das Apfel-Lauch-Gemüse Zwiebeln und Porree in feine Streifen schneiden, den Apfel schälen und in Spalten schneiden. Etwas Olivenöl erhitzen und die Zwiebelstreifen und den Porree darin anschwitzen, dann mit dem Weißwein ablöschen, mit Sahne aufgießen und reduzieren lassen. Zum Ende die Apfelspalten und die Lauchzwiebeln hinzufügen und gar ziehen lassen. Zuletzt mit Salz und Pfeffer abschmecken.

Als Beilage eignen sich Kartoffeln in allen Zubereitungsarten.

SONNE UND MEER

Sonne und Meer
Café – Restaurant

Gelting Mole 1
24395 Gelting

Telefon 0 46 43 / 18 57 71
Telefax 0 46 43 / 18 57 73

www.restaurant-sonne-und-meer.de

Dort, wo noch vor einem knappen Jahrzehnt reges Treiben herrschte, wenn die Passagiere der Fähre ins dänische Faaborg abgefertigt wurden, kann man heute in angenehm entspannter Atmosphäre speisen, dabei den Blick auf die Flensburger Förde genießen und bei schönem Wetter bis nach Dänemark sehen.

Nachdem die Fährline ab Gelting Mole im Jahr 1999 eingestellt worden war, gestaltete Ingrid Meyer das Gebäude Hand in Hand mit dem Eigentümer um und eröffnete schließlich im Dezember 2000 ihr Café und Restaurant.

Nicht nur für die Segler, die ihre Boote in der nahen Marina mit den 450 Liegeplätzen festmachen, ist es zu einem Treffpunkt zum Entspannen und Genießen geworden. Auch Feriengäste und Einheimische aus

Flensburg und ganz Angeln kommen gern zu Kaffee und hausgebackenen Kuchen und Torten oder abends zum Essen hierher. Chefkoch Haris Rossen und Souschef André Ulrich zeichnen sich durch ihre Vielseitigkeit aus. Ihre Küche hat eine deutlich mediterrane Ausrichtung, aber auch regionale Klassiker erhalten durch die eine oder

andere ungewöhnliche Zutat den besonderen Pfiff und eine angenehme Leichtigkeit. Die Lage des Hauses verpflichtet natürlich auch zu einer Auswahl an fangfrischem Fisch von Dorsch bis Wildlachs. Die Schollen, so erzählt Ingrid Meyer mit einem Schmunzeln, schwämmen ja quasi direkt in die Restaurantküche.

Die Speisekarte wechselt monatlich. Hinzu kommt eine Aktionskarte nach Saison, die jedes Jahr einem roten Faden folgt. 2007 war im Restaurant „Sonne und Meer" das Märchenjahr, im Februar beispielsweise regierte der „Suppenkasper" und servierte „Suppen auch zum Sattwerden", im Juni lautete das Motto „Der Fischer und sien Fru" und Matjes bestimmte die Karte. Auch für die nächsten Jahre wird Servicechefin Ann-Christin Ulrich sicherlich ihre kreative Ader spielen lassen und ein neues kulinarisches Motto finden. Eine kleine, aber feine und vielfältige Weinkarte, von der viele Positionen auch offen ausgeschenkt werden, rundet den Essgenuss ab.

Dem Team ist der enge Kontakt mit den Gästen wichtig. „Wir haben tolle Gäste!", bekräftigt Ingrid Meyer und sie erzählt, dass manche der Segler, von denen sie viele inzwischen mit Namen kennt, sich quasi jedes Mal bei ihr zurückmelden und Bericht erstatten, wenn sie von einem ihrer Törns kommen. Auch zum obligatorischen „Seglerbier" ziehen sie einen Platz auf der windgeschützten Terrasse dem Deck des eigenen Bootes vor. Dabei genießen sie das, was die Lage ausmacht und dem Restaurant den Namen gab: die Sonne und das Meer.

Gefüllter Kabeljau mit Räucherlachs und Käse an Rucola-Kartoffelpüree und fruchtiger Tomatensauce

Zutaten

100 g Rucola
600 g Kartoffeln
Butter
Milch
Muskat
50 g Zwiebeln
50 g Karotten
50 g Sellerie
300 g Tomaten
200 ml Gemüsebrühe
Basilikum
800 g Kabeljaufilet
4 Scheiben Räucherlachs
4 Scheiben Schnittkäse
2 Eier
Mehl
Paniermehl
Olivenöl
Salz
Pfeffer
Zucker

Zubereitung

Den Rucola waschen, trockenschütteln, kleinschneiden und mit etwas Olivenöl mit dem Pürierstab oder im Mixer pürieren. Die Kartoffeln kochen, abdämpfen und stampfen. Etwas Milch und ein Stück Butter zugeben, mit Salz, Pfeffer und Muskat würzen und zuletzt das Rucolapüree unterziehen. Zwiebeln, Karotten und Sellerie fein würfeln und in etwas Olivenöl anbraten. Die Tomaten sternförmig einritzen und kurz in heißes Wasser tauchen. Kalt abschrecken, die Haut abziehen, die Kerngehäuse entfernen und das Fruchtfleisch grob würfeln. Zusammen mit der Brühe zum übrigen Gemüse geben und alles zusammen schmoren lassen, bis das Gemüse weich ist. Zuletzt pürieren und mit Salz und Pfeffer sowie Zucker und Basilikum abschmecken.

Die Kabeljaufilets längs aufschneiden, mit je einer Scheibe Räucherlachs und Käse füllen, salzen und pfeffern. Dann mit Mehl, Ei und Paniermehl panieren und von beiden Seiten goldgelb braten.

RESTAURANT RINGELNATZ

Restaurant Ringelnatz

Fischbrückstraße 3
24837 Schleswig

Telefon 0 46 21 / 2 55 88

www.restaurant-ringelnatz.de

Enno Wöhlk, Inhaber und Küchenchef des „Restaurant Ringelnatz" in Schleswig bereitet alle Speisen stets frisch „à la minute" und auf klassische Art zu. Kein Gericht verlässt die Küche, wenn der Koch es nicht selbst genau so essen würde. „Ich habe einen extrem hohen Anspruch an Frische und Qualität", sagt er. Sogar Brot wird in der kleinen Küche täglich frisch gebacken. Die Küchenleistung des Hauses war dem Feinschmecker 2007 ein „F" wert und auch in der Region hat es sich herumgesprochen, dass man im Restaurant „Ringelnatz" in stilvoller und zugleich angenehm entspannter Atmosphäre hervorragend speisen kann. Drei Viertel der Gäste sind Stammkunden. Dass so viele immer gerne wiederkommen, ist Wöhlk und seiner Partnerin und Servicechefin Julia Engel, von den Gästen liebevoll Julchen genannt, die wichtigste Bestätigung überhaupt.

Die Speisekarte bietet eine bunte Mischung aus Regionalem und Mediterranem, bei der mit Sicherheit für jeden Geschmack etwas dabei ist. Mindestens viermal im Jahr wird sie aktualisiert. Zum einen, so Wöhlk „macht es einfach Spaß, regelmäßig etwas Neues auszuprobieren", zum anderen lässt er sich von den Wünschen der Kunden inspirieren. So steht in der Speisekarte als Aufforderung an die Gäste: „Sie fragen uns, ob wir Ihnen Ihr Lieblingsessen eventuell zubereiten können" oder „Sie kochen es selber zu Hause und laden uns dazu ein, damit wir es kennen lernen." Nur schade, dass das Team Wöhlk / Engel wahrscheinlich furchtbar selten Zeit hat, sich zum Abendessen einladen zu lassen. Denn in der Saison ist das Restaurant „Ringelnatz" an sieben Tagen in der Woche immer ab 17 Uhr geöffnet.

Aus allem, was „außer der Reihe" frisch verfügbar ist und vor allem aus dem, was der Holmfischer Jörne Ross täglich vorbeibringt, entsteht zusätzlich ein kleines, feines Tagesangebot, in der Regel bestehend aus einer Suppe und bis zu 8 Hauptgerichten von zum Teil ungewöhnlichen Fischarten wie Steinbutt, Knurrhahn oder auch Seehase. Wer ein bisschen Neugierde mitbringt, wird sich hiervon gern zu einem Menü verführen lassen. „Fressen, ohne Lust; oh das hass ich." beklagt ein Gedicht des Dichters Joachim Ringelnatz. Im Restaurant, das seinen Namen trägt, macht das Essen ganz sicher Lust – auf mehr. Unter dem Logo „Die 3 am Holm" arbeitet das Restaurant „Ringelnatz" mit dem „Holm Café" und dem „Bed & Breakfast am Dom" zusammen. Gemeinsam bilden die drei Betriebe auch für Touristen sozusagen die Würze eines gelungenen Aufenthalts in der wunderschönen historischen Altstadt Schleswigs, deren Herz die alte Fischersiedlung am Holm ist.

Heringsfilets „Tulipan" mit Bärlauchpesto
(für je eine Person)

Zutaten

2 Heringsdoppelfilets
6 Scheiben Frühstücksspeck
Dijonsenf
Pfeffer
Mehl
Öl zum Braten

Für die Bärlauch-Pesto-Soße
150 g geriebene Mandeln
Olivenöl
150 g frischer Bärlauch
100 g geriebener Parmesan
Salz
Pfeffer
Butter
Sahne

Zubereitung

Die Heringsfilets würzen, innen mit Dijonsenf einstreichen. Dann jeweils in 3 Scheiben Frühstücksspeck einwickeln, evtl. etwas pfeffern und leicht mehlieren. Anschließend in der Pfanne kurz von jeder Seite in etwas Öl anbraten.
Bärlauch abbrausen, putzen, trockenschütteln und fein hacken. Zusammen mit den geriebenen Mandeln unter langsamer Zugabe des Öls mit dem Pürierstab oder im Mixer zu einer geschmeidigen Paste verarbeiten. Zuletzt den Parmesan zugeben und das Ganze mit Salz und Pfeffer abschmecken.
Für die Soße das Pesto in einem kleinen Topf schmelzen lassen und mit Butter und Sahne abbinden. Als Beilage eignen sich Petersilienkartoffeln sowie ein frischer grüner Salat.

ZUR SCHLEIPERLE

Zur Schleiperle
Café und Restaurant
auf der Schlei

24399 Bad Arnis

Telefon 0 46 42 / 20 85
Telefax 0 46 42 / 53 87

www.arnis.de/Schleiperle.de

Vom Wasser aus ist es so gut wie unmöglich, das Restaurant „Zur Schleiperle" zu verfehlen, steht das Gebäude doch auf Pfählen gleichsam „in" der Schlei. Und so wundert es nicht, dass das Haus nahe der 400 Liegeplätze umfassenden Marina der Stadt Arnis ein beliebter Treffpunkt der Segler ist, die auf der Schlei kreuzen. Von der Landseite liegt das Haus ein wenig versteckt, doch in der mit rund 350 Einwohnern kleinsten Stadt Deutschlands, die im Wesentlichen aus einer einzigen, von Linden gesäumten Straße besteht, müsste man sich beinahe Mühe geben, um sich ernstlich zu verlaufen.

Die auf einem landfest gemachten Inselrücken gelegene Stadt ist zugleich der Namensgeber der Schleiperle, denn eine alte Volksweise besang das malerische Örtchen einst: „Du bist die Schönste im Lande, Arnis, du Perle der Schlei!"
Schon seit dreißig Jahren bewirtschaftet Hans-Werner Broderius zusammen mit seiner Frau das Café und Restaurant. Geöffnet ist nur in der Saison von April bis Anfang Oktober, dann allerdings ist immer viel los. Bei gutem Wetter ist zu jeder Tageszeit ein Platz auf der Veranda heiß begehrt, hat man doch von dort aus die schönste Aussicht über die Schlei.

Zanderfilet auf Crème fraîche
(für 1 Person)

Zutaten

200 g Zanderfilet
200 g Crème fraîche
Dill
Petersilie
Schnittlauch
durchwachsener Speck in Streifen
1 kleines Zitronenfilet (ohne Schale)
Butterflocken
Salz
Pfeffer

Zubereitung

Crème fraîche mit Dill, Petersilie und Schnittlauch vermengen und flach in eine feuerfeste Form füllen. Zanderfilet darauflegen und mit Salz und Pfeffer würzen. Darauf das Zitronenfilet und die Speckstreifen legen. Zuletzt die Butterflocken obenauf verteilen. Bei 180 °C ca. 20 Minuten im Ofen garen.
Je nach Geschmack kann das Gericht mit Krabben, Zitronen und kleinen Dillzweigen garniert werden.
Als Beilage empfehlen sich Salzkartoffeln und Gurkensalat.

Eben jene Veranda entstand 1995 im Rahmen einer äußerst ungewöhnlichen Aktion. Um das Haus zu erweitern, den Flutschutz zu verstärken und vor allem, um den Gästen wieder einen freien Blick auf das Wasser zu ermöglichen, der über die Jahre durch die angrenzenden Werften verstellt worden war, entschied sich Broderius dazu, das Gebäude um etwa zehn Meter in die Schlei zu verrücken. Unterstützung erhielt er von der Wasser- und Schifffahrtsdirektion und von tatkräftigen Fachleuten. Mit einem Kran wurde das knapp 100 Jahre alte Holzhaus komplett angehoben und auf 57 Pfählen von je 18 Metern Länge, die in den Grund der Schlei gerammt worden waren, wieder abgesetzt.

Ein Steg bildet heute von der Landseite aus den Zugang zum Restaurant und ist zugleich Anlegeplatz für die Boote der Gäste, die die Schleiperle von der Wasserseite her aufsuchen.

In der Küche setzt Broderius vor allem auf zwei Faktoren: einfach und schleswig-holsteinisch. „Unser Essen schmeckt nach dem, was es ist", fasst er das zusammen. Schleifisch in allen erdenklichen Zubereitungsvarianten bildet dabei einen Schwerpunkt, vom „Schlei-Hering in Butter gebraten" über Schlei-Aal bis zum Zander-Filet, das in der Variation „auf Crème fraîche" nach dem nebenstehenden Rezept eine besondere Spezialität des Hauses darstellt. Aber auch andere Klassiker der schleswig-holsteinischen Küche und

Besonderheiten der Schlei-Region wie „Rippchen Angeliter Art" finden sich auf der Karte.

Und wer nachmittags „nur auf einen Kaffee" und zum Klönschnack mit Einheimischen und Urlaubern vorbeischaut, der wird sich durch den Geruch frischer Waffeln oder den Anblick hausgemachter Kuchen und Torten zu süßem Beiwerk verführen lassen.

Bei solcherlei kulinarischen Genüssen, bei freundlicher Bedienung und angenehm entspannten Gästen, beim leisen Plätschern der Schlei und einem unvergleichlichen Ausblick ist jede Minute in der Schleiperle pure Erholung und sowohl vom Land als auch vom Wasser aus immer wieder eine Einkehr wert.

neben dem Café betreibt sie ein Hotel mit sechs Doppel- und zwei Einzelzimmern. Und in der „Kunstscheune Krog's Art" werden auf zwei Etagen Kunsthandwerk und Dekorationsartikel – überwiegend aus Skandinavien – verkauft; daneben Bekleidung des Labels „amazone", entworfen und hergestellt in Hamburg bei „Kleidung 180°" von Tochter Annika Krog und deren Partnerin Daniela Jansen.

Die Torten im Café werden nach alten Rezepten gebacken und reich mit Obst der jeweiligen Saison belegt. Dazu gibt's, neben den gängigen Getränken, Kaffeespezialitäten mit so klingenden Namen wie "Schleisonne". Ein tägliches reichhaltiges Frühstück und herzhafte Kleinigkeiten runden das Angebot ab. Das Ambiente des Cafés macht es auch zu einem Ort für die Ausrichtung individueller Feste. Die Küche bietet hierfür eine große Auswahl an Menüs und Buffets.

Da die Verbindung „Café und Kunst" für Hedda Krog immer Kern ihrer Idee war, organisiert sie auch eigene Veranstaltungen. Die wechselnden Ausstellungen mit Bildern norddeutscher Künstler werden immer mit einer Vernissage eingeleitet, hinzu kommen Lesungen, Musikabende und vieles mehr.

Café Krog

Kirchenholz 13
24897 Ulsnis

Telefon 0 46 41 / 9 89 00
Telefax 0 46 41 / 98 90 29

www.café-krog.de

Das „Café Krog" ist ein Ort, an dem Erholung suchende Gäste unter alten Obstbäumen beim Blick auf die Schlei die Zeit vergessen. Für Hedda Krog ist es die Erfüllung eines Lebenstraums. Als sie im Jahr 2000 von dem beabsichtigten Verkauf des 1863 als Armenversorgungsanstalt errichteten Hofs erfuhr, war klar, dass dies das Objekt war, in dem sie das Konzept, das sie schon viele Jahre im Kopf hatte, umsetzen konnte. Das Gebäude, heute als „kleines Kulturdenkmal" anerkannt, wurde komplett entkernt und so rekonstruiert, dass einerseits die Auflagen des Denkmalschutzes, andererseits die des Ordnungsamts erfüllt werden konnten. In der Folgezeit entstand „ein richtiges kleines Unternehmen", wie Hedda Krog es nennt. „Eigentlich sind es sogar drei Unternehmen", schiebt sie nach. Denn

RUND UM DIE FLENSBURGER FÖRDE

Rund um die Flensburger Förde ist manches deutsch und manches dänisch und vieles ist beides: deutsch und dänisch. 400 Jahre lang lebten die Flensburger unter der dänischen Krone. Unter deren Schutz erblühte die Stadt erstmals im 16. Jahrhundert und ein zweites Mal gegen Ende des 18. Jahrhunderts zu einer reichen Hafen- und Handelsstadt. In Zeiten des Wohlstands war die Frage „deutsch oder dänisch?" für die Flensburger von eher untergeordneter Bedeutung. Doch wurde sie zwischenzeitlich im Zusammenhang mit der Schleswig-Holstein-Frage auch immer wieder auf Schlachtfeldern ausgetragen. Endgültig deutsch wurde Flensburg erst 1920 im Rahmen einer Volksabstimmung, bei der sich 75 Prozent der Einwohner für die Zugehörigkeit zum deutschen Staat entschieden.

Etwas mehr als 20 Prozent der Bevölkerung der Stadt gehören heute zur dänischen Minderheit, die beispielsweise eigene Schulen, Vereine, eine Bibliothek, eine Zeitung und das dänischsprachige „lille teater" unterhält. Doch trotz dieses Bewahrens der eigenen Kultur besteht ein hohes Maß an gesellschaftlicher und kultureller Integration – in beide Richtungen und grenzüberschreitend. Das macht die Stadt zu einem Schmelztiegel. Statt Gegensätze zu zementieren, haben die Nationen gelernt, aus der Vielfalt zu schöpfen. Die Universitäten Flensburg und Sønderborg bieten Gemeinschaftsstudiengänge an. In Politik, Kultur und im Tourismus pflegt man eine enge, grenzüberschreitende Zusammenarbeit. In der Architektur aus acht Jahrhunderten, in Handwerkskunst und Kunsthandwerk der Region wird die Symbiose sichtbar.

Doch vor allem Alltägliches wird zum Zeugnis des harmonischen Miteinanders. So gibt es in vielen Restaurants zwei Speisekarten – eine auf Deutsch und eine auf Dänisch. Die Schautafeln an den Sehenswürdigkeiten der Stadt sind genauso in beiden Sprachen abgefasst wie die Erläuterungen an Parkscheinautomaten (ob sie gleichermaßen verwirrend sind, sei in diesem Zusammenhang dahingestellt). Dabei sprechen viele Deutsche Dänisch und viele Dänen sprechen Deutsch. So kann es passieren, dass sich zwei Menschen auf der Straße begegnen, der eine den anderen auf Deutsch anspricht, dieser auf Dänisch antwortet und so eine angeregte Unterhaltung zweisprachig geführt wird oder man abhängig vom jeweiligen Thema einfach die Sprache wechselt. Und bisweilen schleichen sich natürlich Elemente der einen Sprache in die andere ein. Noch Anfang des 20. Jahrhunderts war in Flensburg sogar eine ganz eigene Sprache verbreitet, das so genannte Petuh, das aus dem deutsch-dänischen Kauderwelsch rund um die Förde entstanden ist und Elemente aus dem Hochdeutschen, dem Nieder- bzw. Plattdeutschen, dem Dänischen und aus dem Sønderjysk bzw. Plattdänischen verbindet. Grammatik und Satzbau sind eher der dänischen Sprache entlehnt, der Wortschatz stammt überwiegend aus dem Hochdeutschen. Auch wenn diese Mundart heute nur noch von sehr wenigen Flensburgern gesprochen wird, sind Wörter und Redensarten des Petuh in den allgemeinen Sprachgebrauch übernommen worden. „Sünde!", mit einem besonders spitzen „sz" ausgesprochen und in etwa mit „Wie bedauerlich!" zu übersetzen, ist ebenso häufig zu hören wie der Stoßseufzer „Ohaueha!" oder „Was'n Aggewars!", was so viel bedeutet wie „Was für eine Mühsal!" Wenn man heute auf diese Formulierungen zurückgreift, dann schwingt fast immer ein wohlwollendes Augenzwinkern mit – ebenso wohlwollend, wie vielleicht manchmal ein Deutscher über eine dänische Eigenart „Typisch dänisch!" ausruft oder ein Däne das Verhalten eines Deutschen mit „Typisk tysk!" kommentiert. Deutsch, dänisch, deutsch-dänisch oder dänisch-deutsch – je nach Zusammenhang mag in der nördlichsten Stadt Deutschlands mal jeder dieser Begriffe der passende sein. Und manchmal passen alle zugleich, oder noch besser: „Typisch Flensburg!"

STRANDHOTEL GLÜCKSBURG

„Das weiße Schloss am Meer" – so wird das „Strandhotel Glücksburg" seit jeher genannt. 1880 erbaut, prägt es mit seinen Türmen und Säulen, Erkern und Balkonen den Glücksburger Strand wie kein anderes Gebäude. Diesen besonderen Charakter noch zu unterstreichen und das Haus im Glanz eines klassischen dänischen Strandhotels erstrahlen zu lassen, setzte sich Olav Damkiaer-Classen zum Ziel, nachdem er 2006 die Hotelanlage erwarb. Der Kopenhagener hat einen besonderen Bezug zum Haus, hatte doch auch seine Familie schon im „Strandhotel Glücksburg" genächtigt, gespeist und gefeiert.

Im Jahre 2007 ließ er umfangreiche Umbau- und Erweiterungsmaßnahmen durchführen. Der Rezeptionsbereich wurde vergrößert, eine Lounge mit Kamin ergänzt. In hohen, hellen Räumlichkeiten wurde dem Gourmet-Restaurant ein Café zur Seite gestellt, in dem ganztägig eine leichte, ungezwungene Küche serviert wird, sowie Gebäck zu Kaffee- und Teespezialitäten. Im Dachgeschoss wurden weitere Räumlichkeiten geschaffen, der kleine, aber feine Wellnessbereich, exklusiv für die Gäste des Strandhotels nutzbar, modernisiert. In vielerlei Hinsicht befindet sich das Vier-Sterne-Haus auf Fünf-Sterne-Niveau.

Beim Interieur setzte man auf eine individuelle Gestaltung im hellen, heimeligen, skandinavischen Stil. Weiße Wandpaneele, naturfarbene Holzfußböden im ganzen Haus und helles, in Pastelltönen gehaltenes Mobiliar bestimmen das neue, warme, wohnliche Erscheinungsbild. Für jedes Stockwerk wurde eine Leitfarbe festgelegt, die die Umgebung des Hauses widerspiegelt. Im Erdgeschoss ist der vorherrschende Ton sandfarben wie der Strand, der nur ein paar Schritte entfernt ist. Im ersten Stock herrscht ein weiches Grün vor, wie das in den Parkanlagen rund ums Haus. Zarte rosa

Strandhotel Glücksburg
Ein Figaro Hotel

Kirstenstraße 6
24960 Glücksburg

Telefon 0 46 31 / 6 14 10
Telefax 0 46 31 / 6 14 11

www.strandhotel-gluecksburg.de

Blütenfarben bestimmen die Gestaltung des zweiten Stocks. Und im dritten Stock spiegelt sich das Blau des Himmels wieder. So auch in der Hochzeitssuite, aus der man – wie aus vielen der anderen Zimmer und exklusiven Suiten – einen freien Blick auf die Förde, die Ochseninseln und bis hinüber zum dänischen Festland hat. Die schöne Aussicht können die Gäste besonders von den schattigen Balkonen genießen, die von fast allen Zimmern auf der Westseite zugänglich sind.

Neben einem Domizil für anspruchsvolle Genießer und einem Haus zum Wohlfühlen und Entspannen will das „Strandhotel Glücksburg" auch dies sein: ein Traumschloss für Traumhochzeiten und andere Veranstaltungen im festlichen Rahmen. Und so war auch die Neugestaltung des Festsaals mit Parkett, Stuckdecken und Kronleuchtern eine wichtige Maßnahme. Vor allem, um Brautpaaren „den schönsten Tag ihres Lebens" zu gestalten, ist das Umfeld ideal. Das nahe gelegene Glücksburger Schloss beherbergt das Standesamt, in der Schlosskapelle finden kirchliche Trauungen statt. Eine anschließende Hochzeitsfeier im „Strandhotel Glücksburg" mag mit einem Empfang auf der zum Hotel gehörenden Seebrücke oder der Terrasse mit malerischem Blick auf die Förde beginnen und im Ballsaal bei einem rauschenden Fest seinen märchenhaften Fortgang finden.

Für das leibliche Wohl sorgt, nicht nur bei Hochzeiten, Küchenchef André Schneider, der schon in einigen der besten Häuser Deutschlands gearbeitet hat. Aus der Küche hat auch er einen freien Blick auf die Förde und erzählt: „Wenn dann auch noch die Sonne untergeht, dann denkt man schon: Ist das romantisch!" Vielleicht sind es auch solche Momente, die den Küchenchef zu neuen Kreationen und Menüs inspirieren, die neben bewährten kulinarischen Highlights ihren Weg auf die wechselnde Speisekarte finden.

Hirschmedaillons mit Holunderbeerenjus dazu Pastinakenpüree und Mohnschupfnudeln

Zutaten

Mohnschupfnudeln
250 g kalte Pellkartoffeln
50 g Mehl
10 g Hartweizengrieß
1 Eigelb
50 g Mohn
Salz
Pfeffer
Muskat
Speiseöl
Butter

Pastinakenpüree
450 – 500 g Pastinaken
1 Schalotte
Salz
Pfeffer
150 – 200 ml Gemüsebrühe
30 g Butterwürfel

Holunderbeerjus
150 ml Kalbsjus
80 ml Holunderbeersirup
Salz
Pfeffer
kalte Butterflocken

Hirschmedaillons
800 g parierter Hirschrücken
1 Thymianzweig
Speiseöl zum Braten
Salz
Pfeffer

Zubereitung

Für die Mohnschupfnudeln die Pellkartoffeln durch eine Kartoffelpresse drücken und mit allen übrigen Zutaten verkneten. Daumendicke Rollen formen und mit einem Messer in haselnussgroße Stücke schneiden. Die Masse jeweils mit Mehl zwischen den Handballen formen und in siedendem Wasser leicht kochen bis sie oben schwimmen. Danach in kaltem Wasser abschrecken und gut abtropfen lassen. Die Schupfnudeln in einer Pfanne mit Speiseöl und Butter (zu gleichen Teilen) goldbraun braten.

Für das Pastinakenpüree die geschälten und in Scheiben geschnittenen Pastinaken sowie die gewürfelte Schalotte im zugedeckten Topf mit Salz und Pfeffer etwa 15 Minuten kochen. Anschließend ohne Flüssigkeit im Mixer pürieren, etwas Butter hinzugeben und das Ganze abschmecken.

Für das Holunderbeerjus das Kalbsjus und den Holunderbeersirup etwas einkochen lassen, mit Salz und Pfeffer abschmecken. Kalte Butterflocken einrühren.

Für die Hirschmedaillons den Hirschkalbsrücken in Speiseöl scharf anbraten, dann salzen und pfeffern. Anschließend etwa 5 – 6 Minuten im Ofen bei 180 °C garen. Das Fleisch in Tranchen schneiden.

IM ALTEN SPEICHER

Als José de Abreu und seine Geschäftspartnerin Angelika Strauß vor gut einer Dekade nach einem Objekt für ein Restaurant nach dem Muster eines Steakhouse suchten, da schien das Haus mit seiner zwar etwas versteckten, aber doch zentralen Lage und dem Charme, den alte Häuser nun einmal haben, wie dafür gemacht. „Es war sozusagen Liebe auf den ersten Blick", erzählen sie schmunzelnd. Seither bewirten sie hier ihre Gäste, die vor allem eines am Restaurant „Im alten Speicher" schätzen – dessen Beständigkeit.

Denn Küchenchef Uwe Petersen und sein Stellvertreter Goitom Abraha und auch einige der Servicekräfte sind genauso seit der Eröffnung des Restaurants im November 1996 Bestandteil des eingespielten Teams wie Inhaber und Geschäftsführer José de Abreu und Mitinhaberin Angelika Strauß selbst. Für eine konstante Qualität sorgen auch die verlässlichen Partner, allesamt Flensburger Unternehmen, die das Haus seit Anbeginn beliefern.

An sieben Tagen in der Woche bietet das Restaurant „Im alten Speicher" mittags eine wöchentlich wechselnde Auswahl an kleinen Gerichten, bei der für jeden Geschmack

Restaurant
„Im alten Speicher"

Speicherlinie 44
24937 Flensburg

Telefon 04 61 / 1 20 18

www.speicher-ist.net

In einem der für Flensburg typischen Höfe, zwischen der Großen Straße und der Speicherlinie, liegt das Restaurant „Im alten Speicher". Hat man erst den Weg in den Hof gefunden, ist es nicht mehr zu übersehen. Besonders bei schönem Wetter strahlt das in einem kräftigen Gelb gestrichene alte Backsteinhaus in der Sonne und wird so auch immer wieder zum Fotomotiv der Touristen. Errichtet wurde das inzwischen denkmalgeschützte Gebäude im Jahr 1766 als Kornspeicher. Damals reichte der später in diesem Bereich verlandete Flensburger Hafen noch bis zur heutigen Angelburger Straße.

etwas dabei ist, und am Abend Genüsse à la carte. Die feste Abendkarte wird ergänzt durch ein monatlich wechselndes Angebot nach Saison, von Wildgerichten über Spargel bis hin zu besonderen Fischvariationen. Nach wie vor ist das Haus für seine Steaks bekannt, beliebt sind vor allem die auf dem Lavasteingrill zubereiteten; aber auch wer lieber vegetarisch isst, kommt auf seine Kosten.

So international wie das Team des Betriebs ist auch das Publikum. Vor allem viele Skandinavier planen auf ihren Reisen in die Ferien im Süden Zwischenstopps in Flensburg ein, um „Im alten Speicher" essen zu gehen – einen auf dem Hinweg und einen auf dem Rückweg. Manche dieser Gäste kennen José de Abreu und Angelika Strauß inzwischen seit Jahren.

Neben dem im oberen Stockwerk gelegenen eigentlichen Restaurant verfügt das Haus im Untergeschoss über einen separaten Raum, der sich für kleinere Familienfeiern oder Geschäftsessen mit bis zu 14 Personen anbietet. Beide Bereiche sind in warmen Farben gestaltet und stilvoll eingerichtet, ohne dabei altbacken zu wirken.

Im Sommer bietet die Terrasse vor dem Haus die Möglichkeit, etwas abseits von der Hektik der Einkaufsstraßen ringsum, in angenehm entspannter Atmosphäre genussvoll zu speisen.

Duett von Lachs und Scampi

Zutaten

4 Lachsfilets à 180 – 200 g
12 Scampi
1 Zwiebel, fein gewürfelt
400 ml Wasser
400 ml Weißwein
400 g Schlagsahne
Zitronensaft
Mehl
Öl zum Braten
Salz
Pfeffer
Küchenkräuter nach Belieben

Zubereitung

Lachsfilets säubern, leicht salzen und mit Zitronensaft beträufeln, anschließend in etwas Mehl wenden. Bei mittlerer Hitze von beiden Seiten braten.

Für die Sauce die Zwiebelwürfel in etwas Öl glasig dünsten. Wasser und Weißwein hinzugeben und kurz aufkochen. Dann die Schlagsahne hinzugeben und reduzieren lassen (ggf. leicht binden). Zuletzt mit Salz, Pfeffer und Küchenkräutern nach Belieben abschmecken.

Die Scampi aus der Schale lösen, auf dem Rücken einschneiden und den Darm entfernen. Die letzten 3–4 Minuten bei dem Lachs mitbraten. Weißweinsauce als Saucenspiegel auf dem Teller verteilen, darauf je ein Lachsfilet und 3 Scampi anrichten. Als Beilage empfiehlt sich Reis.

WEIN- UND RUMHAUS BRAASCH

Wein- und Rumhaus Braasch
& Grünzeug von Braasch

Rote Straße 26 – 28
24937 Flensburg

Telefon 04 61 / 14 16 00
Telefax 04 61 / 1 41 60 13

www.braasch-rum.de

Wer Flensburg mit etwas Muße bereist, der wird zwei Dinge schnell für sich entdecken: die wunderschönen alten, teils sehr versteckt gelegenen Kaufmanns- und Kapitänshöfe und den Flensburger Rum. Das in der reizvollen Roten Straße gelegene „Wein- und Rumhaus Braasch" verbindet beides und hält damit jahrhundertealte Traditionen der Stadt lebendig. Hinter dem vorbildlich restaurierten Haupthaus, dessen ältester Teil aus dem 13. Jahrhundert stammt, befindet sich der liebevoll gestaltete, malerische Hof, der zum Verweilen, Entspannen und Genießen einlädt. Und im Hinterhaus hat Inhaber Walter Braasch vor einigen Jahren seine Rum-Manufaktur eingerichtet.

Ende des 18. Jahrhunderts, als Flensburgs Westindien-Flotte unter der dänischen Krone den Hafen zu einem der bedeutend-sten im Norden machte, hatte es noch an die 200 Rumhäuser gegeben, die in der Folgezeit nach und nach verschwanden. Bei einem der wenigen, die sich bis in das 20. Jahrhundert erhalten hatten, hat Walter Braasch seine Ausbildung zum Destillateur gemacht und die Geheimnisse der Rum-Veredelung erlernt. Weil Zuckerrohr schnell verdirbt, wurde der Rum seit jeher bereits in der Karibik aus Zuckerrohrmaische destilliert und in Flensburg dann verschnitten. Der Begriff Verschnitt ist zuweilen negativ belegt, und in der Tat darf sich eine Spirituose auch dann Rum-Verschnitt nennen, wenn der Anteil des Rum-Alkohols lediglich 5 Prozent beträgt. Doch handelt es sich auch um Verschnitt, wenn verschiedene Rumtypen, edle Jamaika-Rums und kräftige Pure-Rums beispielsweise, mit feinem sensorischem Gespür gemischt werden und so ein besonders ausgewogenes Aroma erzielt wird – eine Form der Veredelung analog zu einem Cuvée aus verschiedenen Weinen. Der „Braasch Rum" ist die Neuauflage eines alten Rezepts und eine gekonnte Zusammensetzung besonders alter, abgelagerter und gereifter Rum-Sorten. Die Zutaten dafür werden über verlässliche Importeure in Hamburg und Amsterdam aus der Karibik bezogen. Jede Flasche wird von Hand abgefüllt und verkorkt, jedes Etikett wird von Walter Braasch persönlich unterschrieben.

Wein und Rum – so verschieden die beiden Produkte auf den ersten Blick erscheinen mögen – so haben sie doch auch ihre Gemeinsamkeiten und ergänzen sich im „Wein- und Rumhaus Braasch" zu einem hochwertigen Sortiment – zum Genuss vor Ort, zum Mit-nach-Hause-Nehmen oder zum Verschenken. Was das angeht, kann

das Geschäft auf eine außergewöhnliche Vielfalt zurückgreifen. „Wir stellen sehr lebendige Präsentkörbe zusammen nach dem Motto: praller Genuss, pralles Leben", sagt Walter Braasch. Wein und Rum werden ergänzt durch italienische Spezialitäten aus dem Feinkostgeschäft seines Sohnes Karsten, gleich auf der anderen Straßenseite. Und dessen frischgebackene Ehefrau Katharina hat hinten im Braasch-Hof kürzlich ihre kleine Blumenwerkstatt „Grünzeug" eröffnet. Moderne Floristik von Blumensträußen und Gestecken über Topfpflanzen bis hin zu Gartenaccessoires und noch viel mehr gibt es hier natürlich auch „solo" zu kaufen. Und auch für die üppige Blumenpracht im Hof zeichnet der Neuzugang im Familienunternehmen Braasch verantwortlich. Was Schwiegervater Walter Braasch mit einem Augenzwinkern kommentiert: „Die Liebe hat uns Blumen gebracht!"

Flensburger Grog mit Braasch Rum

Zutaten

Wasser
Braasch Rum
brauner, unraffinierter Zucker

Zubereitung

Zwei Teile kochendes Wasser in ein Glas füllen. Darin Zucker nach Belieben auflösen und ein Teil angewärmten Rum zufügen. Warm genießen an kalten Wintertagen!

GEGENÜBER VON BRAASCH

Gegenüber von Braasch

Rote Straße 17c
24937 Flensburg

Telefon 04 61 / 14 16 00
Telefax 04 61 / 1 41 60 13

www.gegenueber.com

Einprägsam und einleuchtend ist der Name des kleinen Feinkostbistros von Karsten Braasch, denn „Gegenüber von Braasch" liegt – wen wundert's – gegenüber von „Braasch", dem Wein- und Rumhaus seines Vaters Walter Braasch.
Wer Appetit hat auf frisch zubereitete Antipasti und hausgemachte Pasta nach original sardischen Rezepten, vielleicht auch nur auf einen kräftigen italienischen Espresso, ist hier zu jeder Tageszeit richtig. Was die täglich nach der Verfügbarkeit der frischen Zutaten wechselnde Speisekarte zu bieten hat, ist eine klassische, schlanke

italienische Küche – einfach – und auch wieder nicht. „Einfach sind unsere Gerichte vor allem in der Zubereitung, sodass wir nichts vorbereiten müssen, sondern jede Portion frisch vor den Augen unserer Gäste kochen können", erzählt Karsten Braasch. Doch durch hochwertige und bisweilen ungewöhnliche Zutaten wie Flusskrebse, Gänseleber oder Trüffelcreme erhalten die Speisen bei „Gegenüber von Braasch" den besonderen Pfiff.
Anregungen holt sich der Inhaber bei regelmäßigen Urlauben auf Sardinien, wo Familie Braasch Verwandte hat. Natürlich kann er dabei gleich den Import sardischer Produkte organisieren, die er in der Küche verarbeitet und darüber hinaus im seinem Geschäft verkauft. Pancetta, Mustella, Parma-Schinken oder San Daniele, Salami mit Fenchel, Mailänder Salami oder typisch sardische Salsiccia, Käse wie Caprino, viele Sorten Pecorino oder Grana Padano, Oliven, Pesto, Konserven und Antipasti im Glas – was das Herz des Liebhabers mediterraner Genüsse begehrt, bei „Gegenüber von Braasch" kann man es kaufen. Sogar Limonade und Mineralwasser bezieht das Unternehmen direkt aus Italien und natürlich auch Grappa von verschiedenen Rebsorten – von mild bis kräftig. Darüber hinaus gibt es einen eigenen, in Flensburg bei „Braasch" hergestellten „Grappa-Verschnitt".
Nicht nur in diesem Punkt kann Karsten Braasch sich über die Nähe zum Betrieb seines Vaters freuen. Da er selbst über eine vergleichsweise kleine Anzahl Sitzplätze in und vor dem Geschäft verfügt, können seine Gäste ihr Essen gern auch gegenüber im Braasch-Hof, vielleicht zusammen mit einem dort bestellten Gläschen Wein, verzehren. Sozusagen gegenüber von „Gegenüber von Braasch".

Hausgemachte Gnocchi mit Pfifferlingen in Trüffelsahne

Zutaten

Gnocchi
500 g mehlig kochende Kartoffeln mit Schale
1 Eigelb
1/2 TL Salz
3 – 4 EL geriebenen Grana Padano oder
Pecorino
Mehl für den Teig und die Arbeitsfläche

Sauce
500 g geputzte Pfifferlinge (alternativ
Austernpilze oder Champignons)
3 – 4 Schalotten
500 ml frische Sahne
2 – 3 TL Salsa Tartufata
(Trüffelcreme aus gestoßenem Trüffel,
Champignons & Pfifferlingen)
2 – 3 EL geriebenen Grana Padano
oder Pecorino
Olivenöl
Weißwein
Salz
weißer Pfeffer aus der Mühle
geschnittener Rucola
gehobelter Käse (Grana Padano oder Pecorino)

Zubereitung

Für die Gnocchi die Kartoffeln ca. 20 Minuten
gar kochen. Abgießen, auskühlen lassen und
pellen. Anschließend in einer Schüssel zerstoßen und mit dem Käse, Salz und Eigelb zu
einem glatten Teig verrühren. Danach so viel
Mehl hinzugeben, bis ein leichter, elastischer
Teig entsteht.
Den Teig in 4 Portionen teilen. Jede Portion
auf einer leicht bemehlten Arbeitsfläche zu
einer 2 Zentimeter dicken Stange ausrollen.
In 2,5 Zentimeter lange Stücke schneiden und
zu einem Oval formen. Gegen die Zinken einer
Gabel drücken, bis rundherum das klassische
Muster entsteht.
Für die Sauce die Pfifferlinge und Schalotten
in Olivenöl anbraten. Die Tartufata hinzugeben
und das Ganze mit einem Schuss Weißwein
ablöschen. Die Sahne angießen und etwas einkochen lassen. Den Käse hinzugeben und alles
zur Bindung kurz aufkochen. Mit Salz und
Pfeffer abschmecken.
Die Gnocchi in reichlich Salzwasser ca. 2 – 3
Minuten kochen, vorsichtig abschöpfen und in
der heißen Sauce sofort mit etwas Rucola und
dem gehobelten Käse servieren.

LANDGASTHOF NEUKRUG

Landgasthof Neukrug

Bahnhofstraße 2
24975 Maasbüll

Telefon 0 46 34 / 3 17
Telefax 0 46 34 / 3 78

Jede Jahreszeit hat ihren Reiz. Im „Landgasthof Neukrug" in Maasbüll nahe Flensburg ist dieser Satz Programm. Denn Monat für Monat kreiert Inhaber und Küchenchef Frank Kolodzey saisonale Gerichte und Menüs. Im Januar ist Wild das Thema, der Februar ist Muschelzeit, Lammspezialitäten werden im März geboten und der April ist dem frischen Spargel gewidmet. Auf die Maischolle folgt im Juni der Matjes und im Juli „bittet Neptun zu Tisch". Frische Pfifferlinge bestimmen die Karte im August, frische Steinpilze die im September. Der Herbst ist im Oktober Steckrüben- und im November Grünkohlzeit und im Dezember dürfen krosse Enten und Gänse nicht fehlen. Auf diesen festen kulinarischen Kalender, der immer neu mit Leben gefüllt wird, können sich die Gäste

verlassen. Verlässlichkeit und das Bewahren alter Traditionen sind Frank und Nicole Kolodzey wichtig. Bewusst haben sie sich für einen Landgasthof als Wirkungsstätte entschieden.

1752 wurde der Krug am Rand des Dorfes Maasbüll gegründet, das heutige Gebäude wurde 1911 auf den Grundmauern eines Vorgängerbaus errichtet. Die Gemeinde erwarb es 1995 und sanierte es mit dem Ziel, es wieder zum Mittelpunkt des Dorflebens zu machen. Man entschied sich, den Landgasthof im Stil der 1920er Jahre zu rekonstruieren. Das Haus erhielt eine neue, authentische Holzveranda, das Interieur wurde auf traditionelle Art gestaltet. 1998 wurde auch der Saal durch einen neuen, ebenfalls im alten Stil gestalteten, ersetzt.

Ganz im Zeichen dieser Tradition bewirtschaftet Familie Kolodzey den „Landgasthof Neukrug" seit 2004. Ihr Haus soll Anlaufstelle für jedermann sein – die Menschen aus Maasbüll und den umliegenden Dörfern, die auf der Durchreise und die, die vom hohen Küchenniveau des Hauses gehört haben und eigens anreisen. Frank Kolodzey war viele Jahre Küchenchef in einem der besten Häuser der Region, dem Restaurant „König von Dänemark" im Hotel Intermar in Glücksburg. Der Ruf des Gourmetkochs eilte ihm nach Maasbüll voraus. Doch er betont: „Wir wollen vor allem Gastlichkeit vermitteln und das Haus so betreiben, dass niemand Schwellenangst bekommt." Am liebsten sei es ihm, so erzählt er weiter, wenn vorn im Gastraum die Einheimischen Skat spielen, während nebenan ein raffiniertes Menü serviert wird. Entsprechend bietet die Karte für jeden Anspruch etwas – von bodenständigen, ländlich-rustikalen Speisen bis hin zu ungewöhnlichen Kreationen auf Feinschmeckerniveau, allesamt zubereitet mit frischen Zutaten von verlässlichen Erzeugern aus der Region.

Geschmorte Lammstelze in Thymianjus mit Ofentomaten und Pfifferlingen auf Pesto-Kartoffelpüree

Zutaten

4 Lammhaxen à 300 g
40 ml Olivenöl
150 g Röstgemüse (Karotten, Lauch, Sellerie)
1 TL Tomatenmark
Rosmarin
Thymian
Knoblauch
Rotwein
10 g Speisestärke
4 Strauchtomaten
200 g Pfifferlinge
70g Butter
400 g Kartoffeln
100 ml Milch
2 EL Pesto
Salz
Pfeffer
Muskat

Zubereitung

Das Röstgemüse in Stücke von 1 cm³ schneiden. Die Lammhaxen in einem Bräter in Olivenöl anbraten, das Röstgemüse sowie Rosmarin, Thymian und Knoblauch hinzugeben und kurz mit anbraten, dann das Tomatenmark zufügen. Das Ganze mit Rotwein ablöschen und anschließend für ca. 1 – 1,5 Stunden bei schwacher Hitze gar schmoren.
Die Jus passieren und mit etwas Stärke sämig machen. Mit Salz, Pfeffer und etwas Thymian nachschmecken.
Die Strauchtomaten in eine feuerfeste Form geben, mit Olivenöl beträufeln und mit Salz und Pfeffer würzen. Im Ofen 15 Minuten bei 150 °C backen.
Die Pfifferlinge putzen und in einer Pfanne mit 20 Gramm Butter, Salz und Pfeffer anschwenken.
Aus den Kartoffeln, 50 Gramm Butter, Milch, Salz und Muskat ein luftiges Kartoffelpüree herstellen, zum Schluss das Pesto unterrühren.
Pesto-Kartoffelpüree in die Mitte des Tellers geben, die Lammhaxe daraufstellen, je eine Ofentomate und die Pfifferlinge außen herum anrichten.

DOLLERUPER KLEINMOSTEREI

Dolleruper Kleinmosterei
Kelterei, Brennerei,
Wein- und Spirituosenhandel

„Destille"
Weinstube und Café

Neukircher Weg 8a
24989 Dollerup

Telefon 0 46 36 / 97 60 30

www.alles-apfel.com

Schon mal vom Dolvados gehört? Der Dolvados ist das norddeutsche Pendant des französischen Calvados – ein in Eichenfässern gereifter, bernsteinfarbener Apfelbrand. Hergestellt wird er in Deutschlands nördlichster Verschlussbrennerei in Dollerup nahe Flensburg, wo Familie Weyrauch seit bald zwei Jahrzehnten Pionierarbeit leistet.

In deren Heimat Baden gibt es noch in beinahe jeder Gemeinde eine Mosterei, in der auch Privatleute ihr Obst abliefern und zu Saft verarbeiten lassen können und fast in jeder zweiten eine Destillerie, in der Obstmaische zu feinen Bränden verarbeitet wird. In Schleswig-Holstein gab es Ende der 1980er Jahre grade mal eine Handvoll Süßmostereien, echte Obstbrennereien suchte man vergeblich.

Weyrauchs erkannten die Lücke und begannen 1990, im Spritzenhaus der freiwilligen Feuerwehr Terkelstoft jeweils im Herbst Äpfel und Birnen aus der Region zu Saft zu verarbeiten und einen Teil zu Apfelwein zu verkeltern. Schon damals dachte Manfred Weyrauch: „Man muss hier doch auch einen Calvados herstellen können!" Im Jahr 2003 dann wurde die Destillerie am heutigen Standort, direkt an der Bundesstrasse B 199, in Betrieb genommen. Zur Produktion von Apfelsaft in Bag-in-box-Behältern, Apfelwein und Apfelessig gesellten sich feine Brände und Geiste aus Zwetschgen, Beerenobst oder Knickfrüchten wie Holunder, Schlehen oder Kreeten und natürlich der Dolvados. „Was hier verarbeitet wird, stammt zu gut 90 Prozent aus heimischen Bauerngärten, Streuobstwiesen und Knicks", betont Manfred Weyrauch die regionale Ausrichtung seines Betriebs.

Für den gastronomischen Zweig des Hauses zeichnet Brigitte Weyrauch verantwortlich. In der liebevoll mit antiken Möbeln eingerichteten „Destille" kann man im Sommer nachmittags zu Kaffee und hausgebackenen Kuchen und Torten oder aber zum Schoppen und herzhaften Kleinigkeiten einkehren und dabei die kupferne Destillationsanlage bestaunen. Wen das neugierig macht, der kann an einem der Schaubrennen teilnehmen, die regelmäßig veranstaltet werden. Daneben stehen die großzügigen Räumlichkeiten für Familienfeiern zur Verfügung oder werden für von Familie Weyrauch organisierte kulinarische sowie kulturelle Veranstaltungen genutzt. Ein kleiner Verkauf von ausgesuchten Weinen aus Deutschland und Frankreich rundet das Angebot ab.

Apfelquarkstrudel mit Dolvados-Sabayon

Zutaten

Für den Apfelquarkstrudel
1 Paket Strudelblätter
600 g Äpfel (Boskop)
30 g Butter
50 g Semmelbrösel
80 g Zucker
60 g Rosinen, in Rum eingeweicht
200 ml Magerquark
80 g Walnüsse, grob gehackt
Zimt
Puderzucker zum Bestreuen

Für den Dolvados-Sabayon
4 Eigelb
4 EL Zucker
100 g Schlagsahne

8 cl Dolvados
50 ml Apfelsaft

Zubereitung

Apfelquarkstrudel
Den Strudelteig rechteckig ausrollen. Zwei Drittel der Teigfläche mit in Butter hellbraun gerösteten Semmelbröseln, geschälten, blättrig geschnittenen Äpfeln, Zimt, Zucker und Rosinen bestreuen. Das letzte Drittel des Teiges mit zerlassener Butter bestreichen. Dicke Teigränder abschneiden.
Vor dem Zusammenrollen den Magerquark und die Nüsse über die Äpfel verteilen.
Strudel in blechlange Stücke schneiden, auf ein gefettetes Backblech legen und mit zerlassener Butter bestreichen.
Während der Backzeit von ca. 25 Minuten bei 190°C nochmals mit Butter bepinseln, rasten lassen, angezuckert und warm servieren.

Dolvados-Sabayon
Die Eigelbe und Zucker mit einem Schneebesen im Wasserbad in einer Metallschüssel so lange schaumig schlagen, bis die Masse dickcremig und hellgelb geworden ist. Den Dolvados während des Schlagens langsam dazugeben. Die Schlagsahne leicht anschlagen und zum Schluss unter den Sabayon heben.

Den Apfelquarkstrudel mit dem Sabayon anrichten.

In der „Destille" gibt es diese Süßspeise als „Dolleruper Apfeldessert" zusätzlich mit einer Apfelcreme und Apfelkompott.

MARKERUPER GÄNSE & ENTEN

gen, im zweiten waren es bereits 1500 sowie die ersten Enten. Heute, rund 20 Jahre später, hat der Betrieb jährlich etwa 4000 – 5000 Enten, die aus hygienischen Gründen im Stall gehalten werden, sowie 5000 Gänse auf rund 80000 Quadratmetern Grünland und damit auf der dreifachen Fläche, die gesetzlich für die „Bäuerliche Freilandhaltung" vorgeschrieben ist. „Ich hab' mein Kapital überwiegend auf der Koppel", sagt Klingenhoff und gesteht auf die nahe liegende Frage, welchen Einfluss das Thema Vogelgrippe auf seinen Betrieb habe, dass 2006 ein unglaublich stressiges Jahr voller Unklarheiten und Unsicherheit gewesen sei. Engmaschige veterinärmedizinische Kontrollen und vor allem die maximale Aufmerksamkeit und Sorgfalt, die Klingenhoff seinem Geflügel widmet, ließen das Unternehmen diese Zeit schadlos überstehen. Größte Sorgfalt erwartet er auch von den Betrieben, die heute einen Teil der Aufzucht übernehmen und mit denen er eng zusammenarbeitet. Und größte Sorgfalt ist auch das oberste Gebot bei der Schlachtung im eigenen Betrieb, um den Kriterien diverser Gütesiegel, vor allem aber dem eigenen hohen Qualitätsanspruch zu genügen. Nicht zuletzt soll der Verbraucher sich auf die Marke „Markeruper Gänse & Enten" verlassen können.

Verkauft werden die Gänse und Enten überwiegend über Handelsketten. Ausgewählte Gastronomen werden direkt beliefert.

Markeruper Gänse & Enten
Klingenhoff GmbH

Hauptstraße 7
24975 Markerup

Telefon 0 46 34 / 13 63
Telefax 0 46 34 / 97 31

www.klingenhoff.de

Als Zehnjähriger bekam Jürgen Klingenhoff zwei Enten und einen Erpel geschenkt. Der „Handel" beschränkte sich damals auf die Eier, die er mit Freunden tauschte, der „Profit" war vor allem eine wachsende Entenschar. „Vielleicht", sagt er heute, „hatte ich damals schon meinen Beruf gefunden." 1988 gründete er die „Markeruper Gänse & Enten Klingenhoff GmbH" auf dem 1606 errichteten Hof in Markerup, den er einige Jahre zuvor von seinem Onkel übernommen hatte. Im ersten Jahr wurden 250 Gänse auf dem Hof aufgezo-

Außerdem gibt es auf dem Hof einen kleinen Hofladen. Einblicke gewährt der „Tag des offenen Hofes" jeweils am Erntedanksonntag. Konsumenten und Handelspartner können hier viel über den Betrieb und die Produkte erfahren und Familie Klingenhoff persönlich kennen lernen. Auf dem liebevoll gestalteten Klingenhoff'schen Areal rund um das alte reetgedeckte Bauernhaus und dem Gelände des Nachbarbetriebs wird ein buntes Programm mit Jazzmusik, Ausstellungen von Künstlern und Kunsthandwerkern, Trecker- und Kutschfahrten zur Gänsekoppel und Vielem mehr geboten. Für das leibliche Wohl ist mit selbstgebackenem Kuchen, warmen und kalten Getränken und vor allem mit köst-

lichen Entenkeulen vom Grill gesorgt. Die seien, so Jürgen Klingenhoffs Ehefrau Walpurgis, ihr besonderer Tipp für die Grillsaison im Sommer: „Sie sind ganz einfach vorzubereiten. Etwa 20 Minuten im Ofen vorbraten und dann ab auf den Grill." Freilich sind Gänse und Enten noch immer vor allem ein beliebter Festtagsbraten und so ist von September bis Dezember die Hauptsaison im Schlachtbetrieb. In dieser Zeit ergänzen entsprechend ausgebildete Saisonarbeitskräfte aus Polen, von denen viele schon seit Jahren im Markeruper Betrieb arbeiten und zu denen enge soziale Bindungen bestehen, das eingespielte Team rund um den passionierten Gänseunternehmer Jürgen Klingenhoff.

Gefüllte Ente

Zutaten

1 Ente (ca. 3 kg)
2 – 3 säuerliche Äpfel

Jeweils nach Belieben:
Rosinen, Rosmarin,
Majoran
1 cl Cognac
Mehl zum Binden
ggf. etwas Rotwein
Salz
Pfeffer

Zubereitung

Die Ente von außen und innen salzen, pfeffern und mit Majoran einreiben. Äpfel schälen, klein schneiden und mit Rosmarin, Rosinen und Majoran mischen, den Cognac dazugeben. Die Ente in einen Bräter geben und zugedeckt bei 160 – 180 °C ca. 3 Stunden garen, dabei mehrfach mit Bratenfond übergießen. Wenn die Ente kross werden soll, die letzten 30 Minuten den Deckel vom Bräter nehmen.
Fett abschöpfen, Enten-Fond mit etwas Wasser auffüllen, die Soße mit Mehl binden, ggf. den Geschmack mit etwas Rotwein verfeinern, mit Salz und Pfeffer abschmecken.

ETEN UN DRINKEN IN SLESWIG-HOLSTEEN

„Eten un drinken hoolt den Lief tosoom" – Essen und trinken hält den Leib zusammen. Wer die Landgasthäuser Schleswig-Holsteins besucht, dem wird dieser Satz mehr als einmal begegnen – als Schriftzug über dem Eingang, als Stickerei an der Wand oder auf dem Deckblatt der Speisekarte. Die verzeichnet bisweilen gar wunderliche Gerichte, wie Schnüüsch, Rodegrütt, Krösensupp oder Swattsuer. Um zu ergründen, „wat de Kööksch in de Köök so allens doot", können einige elementare Kenntnisse der plattdeutschen Sprache daher nicht schaden!

Ein paar „kulinarische" Grundbegriffe, nach dem neuen Sass, einem plattdeutschen Äquivalent zum Duden:

Aaft, (auch: Ooft, Aft)	Obst
Aven, Oven	Ofen
Backels, Backwark	Gebäck
Beer	Bier
Drank	Getränk
drinken (ik drink, du drinkst, he/se drinkt, wi/ji/se drinkt)	trinken
Eten	Essen, Gericht
eten (ik eet, du ittst, he/se itt, wi/ji/se eet)	essen
Fleesch	Fleisch
Gavel, Govel	Gabel
Gröönsaken, Gröönworen	Gemüse
heet, hitt	heiß
kaken (ik kak, du kakst, he/se kakt, wi/ji/se kakt),	kochen

koken (ik kok, du kokst, he/se kokt, wi/ji/se kokt)	
Kantüffel, Kortüffel	Kartoffel
Kees	Käse
Knief, Kniev, Knieven	Messer
Kock	Koch
Koken, Kauken, Kook	Kuchen
Köök	Küche
Kööksch, Köcksch, Kööksche	Köchin
koolt, kolt	kalt
Kööm	Kümmel, Schnaps
Köppen, Köppke, Koppke	Tasse
Kroog	Krug, Wirtshaus, Gaststätte
Lepel, Läpel, Löpel	Löffel
Pann	Pfanne
Peper, Päper	Pfeffer

Putt, Pott	Topf
Schöttel	Schüssel
Smack	Geschmack, Würze
smacklich	schmackhaft
Solt	Salz
stoven (ik stov, du stovst, he/se stovt, wi/ji/se stovt)	schmoren, mit Milch bereiten
supen (ik suup, du süppst, he/se süppt, wi/ji/se suupt)	trinken, saufen
Supp, Sopp	Suppe
Töller, Teller	Teller
Wien	Wein
Wörtel, Wöttel, Wuttel	Wurzel, Möhre, Karotte
Wust, Wüst	Wurst

Rodegrütt, die Rote Grütze, ist eine regionaltypische Süßspeise aus verschiedenen roten Früchten und angedicktem Fruchtsaft. Dazu reicht man typischerweise Milch.

Der rökert Aal ist ein geräucherter Aal, während der gröne Aal ein frischer ist.

Schnüüsch ist eine Gemüsesuppe, bei der dicke und grüne Bohnen, Erbsen, Kartoffeln, Kohlrabi und Karotten in Milch gekocht werden. Dazu werden Schinken und/oder eingelegter Hering gereicht.

Slackermaschü ist der im Plattdeutschen übliche Begriff für Sahne (z. B. auf Kuchen oder Kompott). In einigen Landstrichen bezeichnet man damit auch mit Fruchtsaft aufgeschlagenes Eiweiß, das mit Puderzucker gesüßt wird.

Für das Suerfleesch, das Sauerfleisch, wird Schweinefleisch (Bauch oder Nacken) zusammen mit Gewürzen, gelegentlich auch mit Zwiebeln und sauren Gurken, in Weißweinessig gekocht. Nach dem Erkalten geliert der Essig, sodass das Gericht eine feste, sülzeartige Konsistenz bekommt. Meist werden Bratkartoffeln dazu gegessen.

Swattsuer ist eine aus Blut, Schwarten und Fleischresten mit Essig und Gewürzen im Glas eingekochte Spezialität, ähnlich einer Blutwurst.

Tüünsup, hergestellt aus dem Saft von Flieder- bzw. Holunderbeeren, wird kalt oder warm mit Grießklößchen serviert.

Übrigens vertreten die Schleswig-Holsteiner eine etwas gewagte These: „Utwarts eten makt ni dick, utwarts supen makt ni duun" - Auswärts essen macht nicht dick, auswärts trinken macht nicht betrunken. In diesem Sinne: Guten Appetit! Oder besser: Laat di dat smecken!

Und hier die „Übersetzungen" einiger typischer Gerichte:

Förtchen sind ein Gebäck, das in einer speziellen Pfanne mit kugelrunden Vertiefungen auf dem Herd in Fett ausgebacken wird. Es wird mit Apfelstücken, Pflaumen oder Rosinen verfeinert.

Geschmorte bzw. weich gekochte Steckrüben heißen Gestovte Wruggen. Der Sud wird mit Mehl und/oder Milch gebunden. Nach dem gleichen Prinzip werden gestovte Bohn (dicke Bohnen), gestovte Wuddeln (Möhren), gestovter Kohl etc. zubereitet.

Grööner Hein, auch „Birnen, Bohnen und Speck" genannt, ist eine Art Eintopf, in dem, wie der Name schon sagt, Birnen, Bohnen und Speck enthalten sind. Dazu werden Kartoffeln gereicht.

Der Grote Hans ist eine Art Brotpudding. Altbackenes Weißbrot wird zunächst in Milch eingeweicht und dann zu einem Teig aus Eiern, Zucker, Butter, Rosinen, Mehl, Stärke und Grieß gegeben. In einer speziellen Form mit Deckel wird der Grote Hans im Wasserbad gekocht. Serviert wird er traditionell mit angedickten Sauerkirschen und Schweinebacke.

Klüten nennen sich die einfachen, gekochten Klöße aus Weizenmehl, vielfach in Buttermilchsuppe oder ähnlichem serviert.

Die Krösensupp, eine Suppe aus Gänseklein, Suppengrün und Gewürzen, wird mit Grießklößchen und getrockneten Apfelstückchen serviert.

Mehlbüdel oder auch Mehlbeutel ist ein Mehlkloß, bei dem der Teig in ein Tuch eingeschlagen wird und dann im heißen Wasser gart. Er wird typischerweise mit Zucker, flüssiger Butter und gekochter Schweinebacke serviert.

NACH SÜDEN BIS MITTELHOLSTEIN

Der Begriff „Ochsentour" klingt nach einer beschwerlichen Reise. Bezogen auf den Ochsenweg mag er an die Anstrengungen erinnern, die Reisende in alter Zeit auf sich nehmen mussten.

Der Ochsenweg ist der älteste Fernweg Schleswig-Holsteins. Als zentraler Landweg zwischen Dänemark und Norddeutschland diente er seit der Bronzezeit als Handelsweg, später als Marschweg für Ritter, Landsknechte und Soldaten, oder wurde von Handwerksburschen, Reisenden und Pilgern auf dem Weg in den Süden genutzt. Seinen Namen erhielt er durch den Handel mit Vieh ab dem späten Mittelalter. Vor allem Ochsen wurden im Norden Jütlands gemästet, von dort über den Ochsenweg nach Süden getrieben und im gesamten norddeutschen Raum gehandelt. Die Triften umfassten in Spitzenzeiten bis zu 50 000 Tiere in einem Frühjahr. Außerdem wurden Ochsen auch als Zugtiere für den Transport von Waren

und Gerät auf den überwiegend unbefestigten Strecken eingesetzt. Denn die Passierbarkeit war zu jeder Jahreszeit schlecht – im Sommer wurde der Untergrund sandig, im Winter morastig.

Die historische Route bestand aus einem Bündel von Wegen von Viborg in Dänemark bis zur Elbe bei Hamburg und verlief entlang des Geestrückens, der Trennlinie zwischen zwei der großen Naturlandschaften Schleswig-Holsteins – der Geest im Osten und der Marsch im Westen. Erst in der Mitte des 19. Jahrhunderts ersetzten befestigte Straßen, später die Eisenbahn und letztlich die Autobahn A7 die traditionellen Routen. Heute ist der Ochsenweg als Radfernweg mit einer Länge von etwa 250 Kilometern auf deutscher Seite von Flensburg bis Wedel ausgewiesen. Südlich von Rendsburg teilt sich die Route in eine östliche, durch Neumünster und Bad Bramstedt verlaufende, und eine westliche, entlang der Städte

EIN STÜCK ENTLANG DES ALTEN OCHSENWEGS

Hohenwestedt, Itzehoe und Elmshorn, die kurz vor dem Ziel wieder zusammentreffen. Im Norden setzt sich der Ochsenweg auf dänischer Seite als „Hærvej" oder „Heerweg" fort und kommt so auf eine Gesamtlänge von mehr als 500 Kilometern. Die Strecke ist größtenteils asphaltiert und daher leicht zu befahren, schlängelt sich aber dennoch überwiegend fernab der vielbefahrenen Straßen durch die abwechslungsreiche Landschaft. Am Wegesrand vermitteln Informationstafeln Geschichtliches; die gängigen Radwanderkarten enthalten Exkurse zu historischen und naturkundlichen Stätten. Wenn heute von der „Ochsentour" die Rede ist, dann geht es zwar durchaus auch um Anstrengungen, allerdings um sportliche und darüber hinaus vor allem um Naturgenuss und Erholung. Denn hinter dem Begriff steckt die alljährlich Anfang Mai stattfindende Radwanderung „auf den Spuren des historischen Ochsenweges". Geradelt wird

von Jels in Dänemark in Richtung Süden, wie auch von Wedel in Richtung Norden. Während eine kleine Schar – vielfach Wiederholungstäter – die gesamte Strecke meistert, stoßen an den Zwischenstationen immer wieder Radfahrer für einzelne Etappen hinzu.

Wer aufmerksam ist, wird auf der Tour immer wieder Zeugnisse der jahrhundertealten Geschichte entdecken, zum Beispiel Straßennamen wie „Am Ochsenweg" oder „Ossenpadd". Und auch manche Landgasthöfe an der Strecke heißen noch heute „Ochsenkrug".

Nicht selten findet man auf deren Speisekarte Ochsenfleisch, dessen Qualität auch in der Gourmetküche hoch geschätzt wird. Ob als „Holsteiner Mastochse in Weißkohlkruste" oder zünftig als „Pfingstochse am Spieß" – wer radelt, wird hungrig und kann sich wohl ohne Reue zum Genuss hinreißen lassen.

SEEHOTEL TÖPFERHAUS

Seehotel Töpferhaus

Am See
24791 Alt Duvenstedt

Telefon 0 43 38 / 9 97 10
Telefax 0 43 38 / 99 71 71

www.toepferhaus.com

Über dem „Seehotel Töpferhaus" leuchtet einer der begehrten Michelin-Sterne. Gleich im ersten Jahr bestätigte Chef de Cuisine Götz Rothacker, der seit dem 15. Februar 2006 im Haus ist, im neuen Umfeld und mit neuem Team seine Spitzenleistungen, die er zuvor in der „Ermitage" in Küsnacht am Zürichsee unter Beweis gestellt hatte. Rothacker hat sich der klassischen französischen Küche verschrieben. Zwar ist die Gourmetküche immer auch dem Zeitgeist unterworfen, aber ein exzessiver Stilmix kommt für ihn nicht infrage. Eine klare Linie, konstante Höchstleistungen und

optimale Qualität nennt er das A und O in der Küche. „Ich wähle immer das beste Ausgangsprodukt", beschreibt er die Auswahl seiner Zutaten. Kochen ist für Rothacker eine Passion oder – wie er es formuliert – „Schaffenskraft am Herd." Schon als Kind wusste er, dass es für ihn keinen anderen Beruf geben würde.

Den passenden Wein zu den exzellenten Speisen im Gourmetrestaurant empfiehlt Dominik Karge und kann dabei aus der mit 500 Positionen wahrscheinlich umfangreichsten Weinkarte Schleswig-Holsteins schöpfen. Einen Schwerpunkt bilden hier

Tatar vom Taschenkrebs mit Avocado und gegrillter Jakobsmuschel

Zutaten

8 Jakobsmuscheln, aus der Schale gelöst
1 Taschenkrebs á 1 kg
1 reife Avocado
Kräutersalat
3 reife Tomaten
200 ml Olivenöl
100 ml Champagneressig
Fleur de Sel (Meersalz)
Pfeffer aus der Mühle
10 g Akazienhonig
Saft und Abrieb von 2 Limetten
1 Prise Cayennepfeffer
1 Bund frischer Koriander

Zubereitung

Die Avocado halbieren und den Kern vorsichtig herauslösen, dann das Fruchtfleisch mithilfe eines Löffels herausschaben. Durch ein feines Haarsieb streichen und mit Salz, Cayennepfeffer, Limettensaft und Honig abschmecken. Abdecken und kühlstellen.
Den Taschenkrebs unter fließendem Wasser bürsten und in stark gesalzenem Wasser ca.

12 Minuten köcheln lassen. Herausnehmen und unter kaltem Wasser herunterkühlen. Die Scheren und die Beine herausbrechen und den Panzer mithilfe eines Plattiereisens aufbrechen. Das Fleisch vorsichtig herauslösen und nach Splittern durchsuchen. Fleisch mit Salz, Pfeffer, Limettensaft, Limettenabrieb, kleingeschnittenem Koriander marinieren.
Tomaten häuten, entkernen und das Fleisch in Würfel schneiden. Mit Salz, Pfeffer und einer Prise Zucker abschmecken. Tomatenwürfel je Portion zu gleichen Teilen in einen Metallring geben, darauf jeweils 1/4 des marinierten Taschenkrebsfleischs in den Ring pressen, darauf zuletzt die Avocadocreme streichen, dann den Ring vorsichtig abziehen.
In der Zwischenzeit die Jakobsmuscheln in einer heißen Pfanne grillen. Mit Fleur de Sel und gestoßenem Pfeffer abschmecken.
Anrichten mit mariniertem Kräutersalat; dazu Olivenöl mit Champagneressig verrühren und mit Salz und Pfeffer abschmecken.

bei aller Vielfalt vor allem deutsche und – passend zur Ausrichtung der Küche – französische Weine.
An die kälteren Winter im Norden muss sich Götz Rothacker, der aus der Nähe von Stuttgart kommt, erst noch gewöhnen. Doch die Wahl seiner Wirkungsstätten unterlag, so erzählt er, immer einem Grundsatz: „Die Umgebung muss schön sein!" Und eine schöne Umgebung hat er sich mit dem Seehotel Töpferhaus allemal ausgesucht. Das Hotel ist malerisch am Bistensee inmitten des Naturparks Hüttener Berge gelegen. Von der Restaurantterrasse aus blickt man aufs Wasser und den hoteleigenen Steg. Ein idyllischer Ort für Hochzeiten und andere Veranstaltung bis 100 Personen sowie für intensive Tagungen und Seminare fernab jeder Alltagshektik. Auch bei solcherlei profitiert der Gast natürlich von der exzellenten Küche. Denn neben dem Gourmetrestaurant führt Rothacker auch über den Bankettbetrieb und das Restaurant „Pesel" Regie, welches unter dem Motto "Feines aus der Landhausküche" eine regionale Ausrichtung hat.

HONIG BRACKER

Honig Bracker

Steindamm 5
24582 Bordesholm

Telefon 0 43 22 / 26 22
Telefax 0 43 22 / 42 91

www.honig-bracker.de

„Honig ist Landschaft, die man schmecken kann", so fasst Stefan Bracker, geschäftsführender Gesellschafter von „Honig-Bracker", zusammen, was seine Tätigkeit für ihn bedeutet. Und er lebt diesen Satz im Wortsinn. Denn angelieferter Honig muss zuverlässig beurteilt werden und das geht, neben der Anwendung unerlässlicher analytischer Verfahren zur Qualitätssicherung, auch über das Probieren. So hat er im Laufe der Jahre hervorragende sensorische Fähigkeiten entwickelt und kann die botanische Herkunft sowie wichtige Faktoren für die Verarbeitung wie zum Beispiel den Säuregehalt gleichsam erschmecken und dabei immer noch etwas dazulernen. „Als wir zum ersten Mal mit Honig aus Südamerika zu tun hatten, musste ich mir quasi eine ganz neue Sensorik aneignen", erzählt er.

Feine Geschmacksnerven sind auch gefragt, wenn Stefan Bracker eine neue Honigzubereitung kreiert. Dann allerdings setzt er bisweilen auch auf die gute Urteilsfähigkeit im Bekanntenkreis. Wenn ein Produkt dort „durchfällt", kommt es erst gar nicht auf den Markt. Doch viele Sorten, wie Akazienhonig mit Bourbon-Vanille oder Blütenhonig mit gekochtem Ingwer, haben diesen Test bestanden.

Von jeher setzt das Unternehmen vor allem auf „Klasse statt Masse". Man blickt auf eine lange Tradition zurück, die 1922 damit begann, dass der Großvater von Stefan Bracker Honig aus der Imkerei seines Vaters auf dem Wochenmarkt verkaufte und ein Feinkostgeschäft in Kiel eröffnete. Der Betrieb wuchs und siedelte 1974 an seinen jetzigen Standort in Bordesholm um. Heute besteht das Geschäft vor allem im Import,

Honig

der Verarbeitung und der Vermarktung von Honig aus Nord- und Südamerika, allen Teilen Europas und aus Neuseeland. Wachstumspotenzial liegt insbesondere im weltweiten Export, weswegen „Honig Bracker" auch auf den großen internationalen Lebensmittelmessen von Paris bis Shanghai vertreten ist. Auch auf der Biofach und der ANUGA ist der Betrieb, der seit 2001 Bio- und Bioland-zertifiziert ist und Honigspezialitäten aus kontrolliert biologischer Erzeugung anbietet, regelmäßig anzutreffen. Ein wichtiges Standbein ist heute auch das so genannte „Private Labeling" – namhafte Feinkostanbieter lassen ihre Produkte bei „Honig Bracker" herstellen und abfüllen. Sie schätzen vor allem die hohe, gleichbleibende Qualität,

die schonende Verarbeitung und die Vielfalt der verfügbaren Erzeugnisse – von heimischen Sorten wie schleswig-holsteinischem Rapshonig bis hin zu exotischen wie Eukalyptushonig aus Brasilien und Heidehonig von den Pyrenäen. Zudem kann das Unternehmen seine Kunden durch eine kleine Organisationsstruktur und kurze Entscheidungswege schnell und flexibel bedienen.

Dem ganz großen Trend ist „Honig Bracker" nie gefolgt und doch hat das Haus bisweilen seinerseits Trends gesetzt. So war es Günter Bracker, der die Idee hatte, edle Honigsorten in die kleinen 50-Gramm-Gläser abzufüllen, die heute bei Honig, Marmeladen und anderen Feinkostprodukten gang und gäbe sind.

LANDGASTHOF KIRSCHENHOLZ

Landgasthof Kirschenholz

Hauptstraße 4
24637 Schillsdorf

Telefon 0 43 94 / 3 09
Telefax 0 43 94 / 4 71

www.kirschenholz.de

Der „Landgasthof Kirschenholz" ist vieles in Einem: Urlaubsdomizil mit drei geräumigen Ferienwohnungen, Produzent eingemachter holsteinischer Spezialitäten von Leberwurst bis Rübenmus, ein Gasthaus, in dem man traditionelle holsteinische Speisen genießen kann, und nicht zuletzt der Ort, an dem „dat erste plattdütsche Beer" erzeugt und ausgeschenkt wird.

Die Idee, eine Brauerei zu gründen, entstand 2004 – wen wundert's – in geselliger Runde beim Bier. „Auf plattdeutsch heißt Bier Beer", erzählt Bierbrauer Jürgen Overath und beschreibt, wie aus dem Begriff das Logo mit dem Bären entstand und zusammen mit der Geschäftsidee auf einem Bierdeckel Gestalt annahm. „Den Bierdeckel hab' ich heute noch", ergänzt er schmunzelnd. Mittlerweile produziert der Betrieb zwei Stammsorten: das helle, süffige „Kirschenholzer Pilsener" und das mal-

zige, dunkle „Düster Beer". Hinzu kommen je nach Jahreszeit weitere Kreationen, allesamt „gebrut na dat dütsche Reinheitsgebot". In Ein-Liter-Flaschen mit Bügelverschluss wird das Bier nicht nur im eigenen Hofladen verkauft, denn den Vertrieb an Schleswig-Holsteins Supermärkte übernimmt die „Buddel GmbH" von Overaths Freund und Miterfinder der „Beer-Brauerei" Jan Lass.

Das ganze Jahr über finden im und um den Landgasthof Veranstaltungen statt. Zu den größeren zählen Märkte mit Ausstellern aus den Bereichen Kunsthandwerk und Direktvermarktung, einer immer am ersten Oktoberwochenende und einer zu Pfingsten, wenn als besonderes kulinarisches Highlight ein Ochse am Spieß auf einem riesigen Grill zubereitet wird. Kleinere, familiäre Veranstaltungen sind zum Beispiel Grillabende im Sommer und das im Winter regelmäßig angebotene Mehlbüddel-Essen, mit typisch holsteinischen Mehlbeuteln „aus Annemies Küche". Hinter dem Kosenamen Annemie verbirgt sich „der gute Geist vom Kirschenholz" Annemarie Henningsen, von der Gaby und Jürgen Overath den Landgasthof vor einigen Jahren übernommen haben und die den beiden vor allem in der Küche nach wie vor tatkräftig zur Seite steht. Sie backt auch die leckeren Torten, die an sonnigen Nachmittagen in großer Zahl von den Gästen im Kirschenholzer Garten verzehrt werden, während die Kinder sich auf dem Spielplatz oder im hauseigenen Streichelzoo vergnügen und ihre Eltern sich schon darauf freuen, vor der Heimfahrt im Hofladen noch die eine oder andere Kleinigkeit und vor allem eine Kiste „Beer" zu kaufen.

Mehlbüddel

Zutaten

150 g Butter oder Margarine
5 Eier
1/4 l Mineralwasser
1/4 l Buttermilch
500 g Weizenmehl
2 TL Backpulver
1 Prise Salz
ca. 4 EL Zucker
125 g Rosinen
125 g getrocknete Pflaumen
50 g Mandeln
1 Schweinebacke
1 Leinentuch (alternativ 1 Stoffserviette oder 1 Windel)

Zubereitung

Butter und Eigelb schaumig rühren, Mineralwasser und Buttermilch dazugeben und das mit dem Backpulver vermischte Mehl einarbeiten. Mit Salz und Zucker abschmecken. Das Eiweiß schaumig schlagen und unterheben. Zuletzt die Rosinen, Pflaumen und Mandeln ebenfalls unterheben.

Einen großen Topf zu etwa einem Drittel mit Wasser füllen, die gewaschene Schweinebacke hineinlegen und aufkochen. Das Tuch heiß auswringen und mit Mehl bestäuben. Hierauf die Teigkugel legen. Anschließend das Tuch so zubinden, dass oberhalb des Teigs eine Handbreit Luft bleibt.
Den Mehlbeutel nun an zwei Kochlöffeln in die sprudelnde Schweinebacken-Brühe hängen. Er darf sich dabei nur zur Hälfte im Wasser befinden. Bei mittlerer Hitze im geschlossenen Topf circa zwei Stunden garen. Danach den Kloß herausnehmen, aus dem Tuch stürzen und noch fünf Minuten ausdampfen lassen.
Mit flüssiger Butter und Zucker servieren.
Zum Mehlbüddel werden typischerweise zerlassener warmer Speck, Kirschsoße, geräucherter Bauchspeck und Schinkenkochwurst serviert.
Beim Landgasthof Kirschenholz gibt's zusätzlich Schweinebacke, Salzkartoffeln, Senfsoße und Backobstsoße.

FRÜCHTEMEER KONFITÜRENMANUFAKTUR

FrüchteMeer
Konfitürenmanufaktur

Bornhöveder Landstraße 42
24601 Wankendorf

Telefon 0 43 26 / 98 05 62
Telefax 0 43 26 / 98 05 63

www.fruechtemeer.de

Als ein Paradies für die Freunde des süßen Brotaufstrichs könnte man den „Süßen Laden" der „FrüchteMeer Konfitürenmanufaktur" bezeichnen. Über 100 Rezepturen werden hier angeboten – von klassischen Ein-Frucht-Aufstrichen über Raritäten wie Rosen-Gelee bis hin zu ungewöhnlichen Sorten wie „Kaffee-Kirsch-Gelee" oder „Erdbeer mit Grünem Pfeffer". Drei bis vier Mal im Jahr kommen neue Kreationen hinzu. Auf die Frage, was sie antreibt und zu immer Neuem inspiriert, antwortet Inhaberin Susanne Lucht-Thiesen: „Die Lust am Genießen, am Leckeren, am Besonderen!"
Schon als Kind liebte sie es, mit ihren Eltern hinaus in die Natur zu gehen, an den Knicks entlangzustreifen, Beeren zu pflücken und Kräuter zu sammeln. Mitte der 1990er Jahre beschloss sie, ihre Leidenschaft zum Beruf zu machen und gründete ihre Konfitürenmanufaktur. Das Unternehmen ist seither stetig gewachsen – 2001 entstand das heutige Firmengebäude mit dem „Süßen Laden" und dem „Kleinen Café", bereits 2005 wurde es erweitert. Rund zehn Mitarbeiter unterstützen Familie Lucht-Thiesen inzwischen bei der Arbeit. Zahlreiche Hofläden und Feinkostgeschäfte über die Grenzen Schleswig-Holsteins hinaus haben die süßen Verführungen aus Wankendorf im Angebot.
Die positive Resonanz bei Händlern wie Verbrauchern und insbesondere bei den vielen Kunden, die regelmäßig im „Süßen Laden" vorbeischauen, liegt vor allem an

der konstant hohen Qualität, für die sich „FrüchteMeer" verbürgt. Das Obst wird von verlässlichen Erzeugern, überwiegend aus Schleswig-Holstein, bezogen. Von der Vorbereitung der Früchte bis hin zum Abfüllen und Etikettieren der Gläser geschieht jeder Arbeitsschritt von Hand. In Mengen von je zwei Kilogramm und mit kurzen Erhitzungsphasen wird die Konfitüre gekocht, damit die natürlichen Aromen sowie wichtige Inhaltsstoffe erhalten bleiben. Am Herd steht Susanne Lucht-Thiesen nach wie vor selbst und wenn man ihr dabei zuhört, wie sie voller Leidenschaft von der Herstellung ihrer süßen Versuchungen erzählt, dann kann man förmlich riechen, wie sich der Duft frischer Früchte bei der Verarbeitung entfaltet.

Verbinden lässt sich ein Einkauf im „Süßen Laden", der neben den „FrüchteMeer"-Produkten weitere handgemachte Spezialitäten wie Liköre, Edelobstbrände, Pralinen und noch mehr anbietet, mit einer Auszeit im „Kleinen Café" – im Sommer im Garten vor dem Gebäude, der mit duftenden Rosen bepflanzt ist. Dort werden zu Kaffee- und Teespezialitäten hausgemachte Kuchen und Torten serviert. Auch bei deren Herstellung sind die drei großen „L" im Spiel, die das Erfolgsrezept der „FrüchteMeer-Konfitürenmanufaktur" sind – die Liebe zur Natur, die Lust am Genuss und die Leidenschaft für die Arbeit!

Holsteiner Hagebuttentraum

Zutaten

6 Eigelb
3 EL warmes Wasser
120 g Zucker
etwas abgeriebene Zitronenschale
4 Eiweiß
80 g Mehl
20 g Speisestärke
120 g gemahlene Mandeln
300 g FrüchteMeer Hagebutten-Fruchtaufstrich
200 Puderzucker
etwas Zitronen- oder Orangensaft

Zubereitung

Backofen auf 200 °C vorheizen. Springformboden (Durchmesser 26 cm) einfetten. Aus Eiweiß und 80 Gramm Zucker Eischnee

schlagen. Dann die Eigelbe mit dem Wasser und dem Rest Zucker sowie der Zitronenschale schaumig rühren. Den Eischnee unterheben. Mehl, Speisestärke und Mandeln vermischen und ebenfalls unter den Teig heben. Auf der 2. Schiene von unten ca. 35 Minuten backen. Auskühlen lassen. Den Boden zwei- bis dreimal durchschneiden. Bis auf den obersten Boden alle dünn mit Hagebutten-Fruchtaufstrich bestreichen und aufeinandersetzen. Den Puderzucker nicht zu dünn mit Zitronen- oder Orangensaft anrühren und damit die oberste Biskuitplatte und den Rand des Kuchens einstreichen. Mit dem restlichen Hagebutten-Fruchtaufstrich mithilfe eines Spritzbeutels mit sehr kleiner Lochtülle ein Gitter auf den Guss spritzen.

SCHEFFLER

Café gebaut, in dem hausgemachte Kuchen und Torten angeboten wurden und für das vor allem Ehefrau Kathrin Scheffler verantwortlich zeichnete. Die Gärtnerei gab die Familie in den 1980er Jahren auf. Das Café blieb in ihrer Hand.

Seit den 1990er Jahren führt der gelernte Koch Jan Scheffler den Betrieb. Sein Anliegen ist es, eine Brücke zu schlagen zwischen der Tradition des Gartencafés und der Moderne. So wurden in den letzten Jahren die Räumlichkeiten renoviert und neu gestaltet. Mit seiner kreativen Küche setzt Scheffler auch am Abend im Restaurant neue Akzente. Die Gerichte auf der kleinen, wechselnden Karte sind regional und saisonal orientiert und vor allem immer aus frischen Zutaten zubereitet. Eine Tisch-Reservierung ist ausdrücklich erwünscht und doch freut sich Jan Scheffler, wenn seine Gäste Spontaneität beweisen. „Es ist mir am liebsten, die Gäste zu sehen, mit ihnen zu sprechen und ihnen dann etwas Passendes, Leckeres zu kochen. So macht es mir am meisten Spaß", sagt er. Zunehmend setzt Scheffler auch auf kulinarische Veranstaltungen. Brunch am Wochenende, Barbecues im Sommer und saisonale Menüs werden regelmäßig angeboten. In Zusammenarbeit mit der Kreisjägerschaft wurden die „Wildwochen" mit Themenabenden zu den verschiedenen Wildarten organisiert, bei denen der Korps einleitend das passende Jagdhornsignal blies. Teeabende, Whiskytastings, Lesungen, "Weiberabende" und mehr – Jan Scheffler hat viele Ideen.

Familienfeiern wurden seit jeher im „Scheffler" ausgerichtet. Räumlichkeiten sind für 20, 40 oder 60 Personen vorhanden, bei Bedarf kann im Park ein Zelt für bis zu 100 Personen aufgestellt werden. Ob Familienfeier, kulinarischer Abend oder einfach nur ein Restaurantbesuch – Jan Scheffler hat sich das Ziel gesetzt, dass der Aufenthalt zum Erlebnis wird. Das fasst er so zusammen: „Wenn ein Gast sagt: ‚Da könnte ich den ganzen Tag sitzen und essen', dann habe ich alles richtig gemacht."

Scheffler
Café - Restaurant

Baumschulenweg 1
24537 Neumünster

Telefon 0 43 21 / 69 82 40
Telefax 0 43 21 / 69 82 41

www.scheffler-nms.de

Seit den 1960er Jahren ist der Betrieb unter dem Namen „Gartencafé Scheffler" in Neumünster ein Begriff. Das Haus liegt zwischen Baumschulen und Kleingärten und so mag dieser Name passend erscheinen und führt zugleich in die Irre. Denn das „Scheffler" ist heute viel mehr als ein Café. 1952 kaufte der Gartenbauarchitekt Heinrich Scheffler das Gelände und legte eine Gartenschau und Aufzuchtsflächen an. Um den zunehmenden Besucherzahlen gerecht zu werden, wurde 1962 ein modernes

Gebackene Mozzarellakrapfen auf geschmolzenen Tomaten mit Basilikumschaum

Zutaten

Für den Basilikumschaum
200 ml Geflügelfond
150 g Sahne
Salz
Pfeffer
Muskat
ca. 1/2 TL Speisestärke
4 Basilikumzweige
100 g Spinat

Für die geschmolzenen Tomaten
10 vollreife Tomaten
2 Schalotten
1 Knoblauchzehe
4 EL Olivenöl
Salz
Pfeffer
Zucker
1 EL Balsamicoessig

Für die Krapfen
200 g Mehl
3 Eigelb
1 TL Salz
180 ml Weißwein
3 Eiweiß
300 g Mozzarella
Fett zum Ausbacken

Zubereitung

Für den Basilikumschaum Fond und Sahne auf die Hälfte einkochen. Mit Salz, Pfeffer und Muskat würzen, mit Stärke binden. Basilikumblätter kleinzupfen. Die Stängel in der Sauce ca. 15 Minuten ziehen lassen. Dann die Sauce durch ein Sieb geben.
Den Spinat gut waschen und putzen. Mit wenig Wasser vorsichtig aufkochen und Schwebeteilchen entfernen, dann abseihen. Spinat und Basilikumblätter in die Sauce einrühren.
Die Tomaten enthäuten, vierteln, entkernen und in grobe Stücke schneiden. Schalotten und Knoblauch schälen, fein würfeln und im Öl glasig dünsten. Die Tomaten dazugeben, alles kurz durchschwenken und in eine Schüssel geben.
Für die Krapfen Mehl, Eigelb, Salz und Wein miteinander vermengen. Eiweiße steif schlagen und vorsichtig darunter heben. Mozzarella in große Würfel schneiden, mit Mehl bestäuben und durch den Teig ziehen. Im heißen Fett schwimmend goldgelb ausbacken, dann kurz auf Küchenkrepp abtropfen lassen.

HOTELCHEN AM TEICH

Hotelchen am Teich
Partyservice „Brot & Spiele"

Am Teich 5 – 6
24534 Neumünster

Telefon 0 43 21 / 4 90 40
Telefax 0 43 21 / 49 04 44

www.hotelchenamteich.de

Hildebrandts
„Das grüne Stadthotel"

Plöner Straße 76
24534 Neumünster

Telefon 0 43 21 / 25 22 20
Telefax 0 43 21 / 2 52 22 22

www.hildebrandts-hotel.de

Thomas Hildebrandt ist ein Gastronom, dem niemals die Ideen ausgehen. Mitte der 1980er Jahre eröffnete der gebürtige Badener in Neumünster zunächst das urig-rustikale „Rheinische Bierhaus", später den „Pressekeller", den er 17 Jahre lang betrieb und zu einem beliebten Treffpunkt machte. Seit 1995 führt er ein Hotel garni mit dem schönen Namen „Hotelchen am Teich", bei dem das Wort „Hotelchen" treffend aus-drückt, was das Haus ist: ein kleines, feines Hotel direkt in der Innenstadt, wenige Minuten vom Bahnhof entfernt. Ein zweites Hotel garni, das „Hildebrandts", verkehrs-günstig und innenstadtnah an der Plöner

Straße gelegen, wurde 2006 als Neumünsters erstes „echtes" Nichtraucherhotel eröffnet. Aschenbecher findet man hier nicht einmal im liebevoll gestalteten Garten, in dem die Gäste Ruhe und Erholung finden sollen – bei wahrlich frischer Luft.

Das „Hotelchen am Teich" ist zugleich die „Zentrale", von der aus die vielfältigen weiteren Aktivitäten des Hildebrandtschen Unternehmens gesteuert werden. Da wäre zunächst einmal der Partyservice „Brot & Spiele" zu nennen, der bei Firmenevents und privaten Feiern aller Art ganz oder teilweise die Organisation übernimmt und mit Dutzenden kreativer Menü- und

Buffetvorschläge für das leibliche Wohl der Gäste sorgt – vom „Dithmarscher Ratsherrenschmaus" bis hin zum „Da Vinci-Buffet"; vom finnischen, toskanischen und spanischen Buffet bis hin zum badischen oder holsteinischen. Thomas Hildebrandt ist gelernter Koch und als solcher leidenschaftlich bei der Sache, wenn es darum geht, individuelle Wünsche umzusetzen. Rund zwölf laufende Meter umfasst seine Kochbuchsammlung, „zum Schmökern, Blättern und Sich-inspirieren-lassen", wie er erzählt. Auf Reisen, die er zusammen mit drei befreundeten Köchen auf seiner Harley-Davidson unternimmt, holt er sich weitere Anregungen. Catering und Veranstaltungsorganisation machen ihm – nicht nur des Kochens wegen – besonders viel Spaß, denn: „Die Kunden, die mit ihren Ideen und Wünschen zu uns kommen, wollen sich vor allem wohlfühlen und fröhlich sein. Ich kann ihnen dazu den passenden Rahmen liefern. Einen schöneren Beruf kann es doch gar nicht geben!"

Auf Wunsch „liefern" Hildebrandt und sein Team auch den passenden Ort für die Feiern. Die Güter Knoop und Nehmten und das Herrenhaus Borghorst sind quasi fest im Programm und vor allem für Hochzeiten sehr beliebt. Gegebenenfalls können darüber hinaus beispielsweise die Blomenburg bei Selent, Schloss Weissenhaus, das Schifferhaus in Hamburg sowie viele weitere Lokationen angeboten werden. Zudem steht mit der „Safari Lounge" im Tierpark noch ein eigener Standort zur Verfügung, den Hildebrandt auch für Menüabende und Kochevents nutzt. Unter dem Motto „Einblicke in die Profiküche" veranstaltet er regelmäßig Kochkurse mit 12 bis 16 Teilnehmern.

Neben all dem betreibt der umtriebige Gastronom noch das „Bistrorant" im Tierpark Neumünster. Und auch dieser Betrieb bietet ein bisschen mehr, als man von einem Ausflugslokal dieser Art erwartet. Sonntags morgens gibt es ein reichhaltiges Frühstücksbuffet, das sich zunehmender Beliebtheit erfreut, weshalb man rechtzeitig

reservieren sollte. Und mit einem Augenzwinkern erzählt Hildebrandt, dass man auch Fastfood „nett" machen könne: „Bei uns gibt es zwölf verschiedene Currywurst-Variationen. Das dürfte wohl weit und breit einzigartig sein."

Ein bisschen, so Hildebrandt, habe er in den letzten zwanzig Jahren „Entwicklungshilfe" in Sachen gastronomischer Vielfalt in Schleswig-Holstein geleistet. Auf neue Ideen und weitere Aktivitäten darf man wohl auch in Zukunft gespannt sein.

DIE GRÜNE MITTE SCHLESWIG-HOLSTEINS

„Sie wohnen bei Bad Segeberg? Das ist doch da, wo …" Mit einem Stoßseufzer komplettiere ich immer wieder diesen Satz: „Ja genau, wo alljährlich die Karl-May-Spiele aufgeführt werden!" Es ist wohl das Schicksal Bad Segebergs, vor allem mit Winnetou und Old Shatterhand in Verbindung gebracht zu werden. Dabei ist die kleine Stadt immerhin Kreisstadt und zudem liegt sie nun wirklich mitten drin im Herzen Schleswig-Holsteins und ist damit ein idealer Ausgangspunkt für Ausflüge. Lübecks historische Altstadt ist in einer knappen Dreiviertelstunde zu erreichen, die Bundesstraße 432 führt von Bad Segeberg aus geradewegs ins Ostseebad Scharbeutz, und auch in die Großstadt Hamburg ist es nicht weit. Westlich von Bad Segeberg liegt eine Region, die seit Kurzem als das „Holsteiner Auenland" für sich Werbung macht. Der Begriff Auenland weckt bei Leseratten und Kinogängern sicherlich die Assoziation mit der in J.R.R. Tolkiens

Fantasy-Klassiker „Herr der Ringe" beschriebenen Heimat der Hobbits. Und tatsächlich hat die Gegend durchaus einiges mit dem Auenland in der Fabelwelt Mittelerde gemein. Weiche Hügel, saftige Wiesen, umsäumt von Hecken, beziehungsweise „Knicks", wie man in Schleswig-Holstein sagt, weitläufige Waldgebiete und nicht zuletzt zahlreiche Auen bestimmen die Landschaft. Dazwischen kleine Städte und Dörfer und nur sehr wenig Industrie. Mehrere Naturschutzgebiete und Naturparks sind Refugien bedrohter Tier- und Pflanzenarten oder haben einzigartige Besonderheiten.

Das Auenland ist die Mitte des Landes, sein grünes Herz und seine Lunge. Die rund 800 Quadratkilometer große Region umfasst Teile der Kreise Bad Segeberg, Pinneberg und Steinburg. Nicht nur ihre zentrale Lage inmitten des Dreiecks zwischen der Nord- und der Ostsee und der Hansestadt Hamburg macht sie attraktiv.

Vor allem dem Freizeitsportler bieten sich dutzende Möglichkeiten, die schöne Landschaft zu erkunden: Wanderungen oder Radtouren auf Teilstücken der Fernwanderwege Ochsenweg und Mönchsweg oder einem der zahlreichen anderen Wanderwege, Kanu- oder Kajaktouren durch die Auenlandschaft oder aber Ausflüge zu Pferde. Auf ein bestens ausgewiesenes Reitwegenetz von um die 500 Kilometern Länge ist das Holsteiner Auenland besonders stolz. Tagesausritte von einem der zahlreichen Reitställe im Gebiet zwischen dem Naturpark Aukrug, dem Segeberger Forst und dem Rantzauer Forst sind ebenso möglich wie mehrtägige Reitwanderungen. Eine Broschüre, die über die Tourismusbüros in Bad Bramstedt oder Kellinghusen und über das Internet bezogen werden kann, weist hierfür die Unterkunftsmöglichkeiten für Ross und Reiter aus.

Ausflugsziele wie der Wildpark Eckholt, der Erlebniswald Trappenkamp, das Arboretum in Ellerhoop, Wellnessangebote in Bad Bramstedt und noch Vieles mehr ergänzen das touristische Angebot der Region. Und auch wenn die Stadt Bad Segeberg „offiziell" nicht im Holsteiner Auenland liegt: neben den Karl-May-Spielen ist dort beispielsweise auch das Fledermauszentrum Noctalis einen Ausflug wert. Letzteres, beziehungsweise die den Kalkberg bewohnenden Fledermäuse haben wohl am ehesten das Potenzial, langfristig in Sachen Popularität und Bekanntheit mit Winnetou & Co. gleichzuziehen.

PIAZZA PIPISTRELLO

Piazza Pipistrello

Oldesloer Straße 53
23795 Bad Segeberg

Telefon 0 45 51 / 99 91 66

www.piazza-pipistrello.de

Bad Segeberg bezeichnet sich selbst als Deutschlands Fledermausmetropole. Zu Recht, bewohnen doch geschätzte 18 000 Fledermäuse die Höhlen des Kalkberges im Herzen der Stadt. Am Fuße des Kalkbergs liegt auch die „Piazza Pipistrello". Und selbst wer nicht der italienischen Sprache mächtig ist, ahnt bald: Pipistrello heißt Fledermaus.

Hinter den Aktivitäten des Betriebs steht vor allem ein kultureller Auftrag: Nadia Meincke und Michael Mattenklodt haben es sich zur Aufgabe gemacht, den National-park „Cilento e Vallo di Diano" in Deutschland zu repräsentieren und zugleich den persönlichen Anspruch, Geschichte und Lebensgefühl der Region erlebbar zu machen. Und das geht am besten über ein so zentrales Thema wie Essen.

Originale Lebensmittel und Spezialitäten wie handgemachte Büffelmozzarella, Pasta oder Olivenöl sowie sämtliche Weine, Kaffee, Wurstwaren und auch Käse werden in Italien nach alten Traditionen speziell für dieses kleine Geschäft hergestellt und dürfen selbstverständlich vor dem Kauf auf der Piazza probiert werden.

Wer nicht selber kochen möchte, lässt sich von der Küche des Hauses mit Speisen von der täglich wechselnden Karte auf eine kulinarische Reise in die Region entführen. Hier kommt nichts aus dem Glas, sondern wird in liebevoller Handarbeit frisch herge-stellt. „Damit sich das Team optimal auf den Gast vorbereiten kann und weil wir nur eine kleine Anzahl Tische haben, emp-fehlen wir vorherige Anmeldung", erklärt Inhaberin Nadia Meincke.

Die Regie über die authentische Küche nach uralten Rezepten führt Michael Mattenklodt, der zur cilentanischen Esskultur eine besondere Affinität hat. Er war noch ein Kleinkind, als sich seine Eltern entschieden, nach Italien auszuwandern, um in einem kleinen Dorf südlich von Neapel ein Restaurant zu eröffnen. „Und zwar nicht etwa ein deutsches, sondern ein echt italienisches", betont er schmunzelnd. Die „Piazza Pipistrello" ist ein Stück Cilento mitten in Deutschland. Nur eines erinnert den aufmerksamen Gast daran, dass er sich mehr als 2 000 Kilometer weiter nördlich, am Kalkberg in Bad Segeberg befindet: die eine oder andere Fledermaus, ausgestochen aus einem Stück Melone, die sich in die Vor- oder Nachspeise eingeschlichen hat.

Involtini Cilentani al Pipistrello

Zutaten

700 g Schweinenackenbraten (ausgelöst, Knochen für die Sauce aufbewahren)
125 g Butter
100 g Mandeln
2 Zweige frischer Rosmarin
2 Zehen frischer Knoblauch
1 große, feste Aubergine
200 g frische Prinzessböhnchen
375 g Büffelmozzarella
8 Scheiben Parmaschinken
100 g Parmesan
1 Bund Suppengrün
Pfeffer
Salz
1 EL Mehl
etwas Zitronensaft

Zubereitung

Das Fleisch gut pfeffern und salzen. Die weiche Butter mit den Mandeln vermengen, den gesamten Braten damit einreiben und Rosmarinzweige darauflegen. In Backfolie einwickeln, bei 180 °C ca. 1 Stunde im Backofen garen (das Fleisch kann gern zartrosa sein) und anschließend abkühlen lassen.
Für die Sauce das Suppengrün, den ausgelösten Knochen, Salz und Pfeffer in einen Topf geben, mit Wasser bedecken und bei kleiner Hitze ca. 1 Stunde köcheln lassen.

Die Prinzessböhnchen bissfest kochen. Auberginen in längliche, ca. 3 Millimeter dicke Scheiben schneiden und auf der Grillpfanne beidseitig goldbraun rösten. Büffelmozzarella in Streifen schneiden. Den Parmesan reiben.
Den abgekühlten Braten in ca. 3 Millimeter dicke Scheiben schneiden. Auf die Scheiben je eine geröstete Scheibe Aubergine, eine Scheibe Parmaschinken, 3–4 Bohnen und eine Scheibe Büffelmozzarella geben. Das Ganze mit Parmesan bestreuen, einrollen und mit einem Zahnstocher fixieren.
Die Involtini in eine mit Backpapier ausgelegte Auflaufform legen, restlichen Mozzarella gleichmäßig auf die Involtini verteilen, mit Parmesan bestreuen und für ca. 10 bis 12 Minuten goldgelb überbacken.
Für die Sauce etwas Butter in einem kleinen Topf auf kleiner Flamme zergehen lassen und dabei schaumig schlagen. Mehl einrühren und leicht anschwitzen. Knochensud durch ein Sieb gießen und unter ständigem Rühren unter die Buttersauce geben, bis eine gleichmäßig cremige Sauce entsteht. Diese mit Salz und Pfeffer und einem Spritzer Zitronensaft abschmecken.
Die Involtini mit der Sauce anrichten. Dazu kann man Rosmarinröstkartoffeln, frische Pilze oder knackigen Brokkoli servieren.

PIPISTRELLO EVENT

Pipistrello Event

Oldesloer Straße 53
23795 Bad Segeberg

Telefon 0 45 51 / 99 91 66

www.pipistrello-event.de

Ein Abend auf „Piazza Pipistrello" kommt einem Kurzurlaub im Cilento gleich. Wer also Gefallen gefunden hat am Wein der „Strada del Vino Cilento", der von 1100 Kleinstbauern als einziger weltweit in Kastanienholzfässern ausgebaut wird, wem der fruchtige Duft des grasgrünen Olivenöls nicht aus dem Kopf geht und wen die handgemachte Pasta für zu Hause an die schönen Stunden auf der Piazza erinnert, dem bietet das kleine Unternehmen noch einiges mehr.

Das Team der „Piazza Pipistrello" organisiert zweimal im Jahr Kulturreisen in den Nationalpark „Cilento e Vallo di Diano" in der Region Kampanien, südlich von Neapel. Der 1997 zum UNESCO-Weltkulturerbe der Menschheit erklärte Nationalpark verfügt über zahlreiche Kulturdenkmäler, wie die 2 700 Jahre alten griechischen Tempelanlagen der Philosophenstadt Paestum oder die Ausgrabungen der antiken Hafenstadt Velia. Die reizvolle, einzigartige Landschaft mit Bergen bis 1 800 m Höhe und Kastanienwäldern auf den Hochplateaus verbindet die über 200 kleinen, meist mittelalterlichen Dörfer mit denen der 100 km langen Küste mit kristallklarem Wasser.

So ursprünglich wie die Landschaft selbst ist der Umgang der Menschen mit ihr. In der Landwirtschaft wird gänzlich auf den Einsatz von Pestiziden verzichtet. Die Ernte der zu Wein verarbeiteten Trauben oder der in kleinen Ölmühlen zu feinem DOP-zertifizierten Öl verarbeiteten Oliven erfolgt ebenso von Hand wie die Herstellung von Schinken, Wurst oder Käse. Hiervon können sich die Teilnehmer der Reisen selbst überzeugen und beim Gespräch mit den Erzeugern noch viel mehr über Land und Leute, über die Produkte und deren Herstellung sowie über die komplexe Kulturgeschichte dieser Region erfahren.

Doch auch, wem dieser Weg zu weit ist, der kann die vom französischen Hochadel und einfachen Volk beeinflusste, facettenreiche cilentanische Küche noch intensiver genießen und mehr über die Lebensart des „buon bere e buon mangiare", des guten Essens und Trinkens, erfahren – zum Beispiel bei einem der Italienabende, die die „Piazza Pipistrello" regelmäßig veranstaltet. Unter Michael Mattenklodts Regie werden an diesen Abenden authentische Menüs gezaubert – natürlich mit korrespondierenden Weinen und dem „Limoncello della nonna", den Mattenklodts Mutter Karin in Italien herstellt und eigens von dort regelmäßig nach Bad Segeberg schickt.

„Wenn man ihn allerdings hier macht, schmeckt er nicht halb so gut", erklärt Nadia Meincke, während sie die Gäste umsorgt und mit ihren Erzählungen mitnimmt auf ihre Reisen in den Cilento. Italienische Abende organisiert das Team auch für private Feiern oder Firmenevents – auf der „Piazza" oder an anderen Orten. Zudem ist der kleine Betrieb mit moderner Präsentationstechnik ausgestattet, die einerseits Vortragsabende ermöglicht, andererseits auch von Firmen für Tagungen genutzt werden kann. Bei italienischer Gastlichkeit wird so bei kleinen Köstlichkeiten aus der Pipistrello-Küche oder duftendem Espresso abseits des Büroalltags auch ein Geschäftstermin zu einem Ausflug in den Cilento.

Limoncello „della nonna Carina"

Zutaten

7 unbehandelte Zitronen
1 l hochreiner Alkohol (aus der Apotheke)
700 g Zucker
destilliertes Wasser

Zubereitung

Von den Zitronen die Schale sehr dünn abschälen. Alkohol, Zitronenschalen und Zucker in einen verschließbaren Behälter füllen. Den Behälter jede Stunde wenden. Nach drei Tagen den Ansatz abseihen (Zitronenschalen gut ausdrücken). Mit destilliertem Wasser den Limoncello auf Trinkstärke verdünnen. Ideal ist ein Alkoholgehalt von ca. 38 %. Eiskalt in vorgekühlten Gläsern als Digestif servieren.

VITALIA SEEHOTEL

Vitalia Seehotel

Am Kurpark 3
23795 Bad Segeberg

Telefon 0 45 51 / 80 28
Telefax 0 45 51 / 8 02 98 88

www.vitaliaseehotel.de

Guido Eschholz, Direktor des „Vitalia Seehotels", und Küchenchef Heiko Zimmat ergänzen sich in kulinarischer Hinsicht optimal. Eschholz schafft nicht nur das Umfeld, in dem der kreative Koch Zimmat zur Höchstform aufläuft. Der Fernseh-Weinexperte, bekannt durch seine Auftritte bei Tim Mälzer, Kerner und anderen, rundet zudem mit seinem feinen sensorischen Gespür durch seine Weinempfehlungen die kulinarischen Genüsse optimal ab.
Im Haus sind beide seit der Stunde Null des Vitalia, der Wiedereröffnung nach umfangreicher Modernisierung im Jahr 2000, und sie haben es maßgeblich geprägt.
Im Kurzentrum Bad Segebergs, direkt am Großen Segeberger See gelegen, ist das Haus den Themen Wellness und Gesundheit verpflichtet, sodass Zimmat eine leichte, vollwertige, fettreduzierte, kurzum: eine gesunde Küche anbietet. Zudem war es ihm ein Anliegen, seine Küche ins Ambiente

des Hauses einzupassen. Lichtdurchflutete Räume und eine warme Farbgestaltung geben dem Interieur einen mediterranen bis orientalischen Anstrich, den Zimmat mit seinen Kreationen reflektiert – die Speisen kommen frisch, aromatisch und gleichfalls farbenfroh daher. „Ich liebe Farben!", sagt er voller Begeisterung. Anregungen holt sich der Maître in den „Küchen aller Herren Länder". Die Karte wechselt nach Saison und Verfügbarkeit marktfrischer Zutaten. Sie enthält Vorspeisen wie „Maronen-Selleriesuppe mit Zimtcroûtons und Ravioli vom Steinpilz" und Hauptgerichte wie „Gegrilltes Seeteufelfilet auf Vanillerisotto mit Perlzwiebelkompott und Rotweinreduktion" oder „Rinderfilettournedo auf brasilianischen Bohnen an einer Braunellojus, mit Olivenpaninni und Pont-Neuf-Kartoffeln". Passend zur kulinarischen Vielfalt aus der Küche Zimmats hat Guido Eschholz eine vielfältige, moderne und mehr als 130 Posi-

tionen umfassende Weinkarte zusammen-
gestellt, die auch die Weine der „Eschholz
Private Selection" enthält – Cuvées, die
er in Zusammenarbeit mit so namhaften
Weingütern wie Künstler im Rheingau oder
Ashanti in Südafrika kreiert hat. Die Frage
nach seinem Anspruch beantwortet er gern
mit einem geflügelten Wort: „Das Leben ist
zu kurz, um schlechten Wein zu trinken!"
Das Genusserlebnis wird durch den Blick
auf den Großen Segeberger See abgerundet.
Und das nicht nur im „See-Restaurant".
Auch aus der Bar „Leonardo", den meisten
Zimmern, den Saunen und Ruheräumen
des 1500 qm Quadratmetern großen und
umfangreich ausgestatteten „Vitalia Spa"
und einigen der Tagungsräume blickt man
aufs Wasser. Das Konferenzzentrum bietet
Platz für Veranstaltungen aller Art und
Größe, von der NDR-Talkshow über Seminare bis hin zu Familienfeiern. Für das
leibliche Wohl sorgt natürlich auch bei
solcherlei das eingespielte Team Zimmat /
Eschholz.

Riesenscampi im Kartoffelmantel mit Orangencouscous und Peperonata

Zutaten

4 Scampi, Seawater 6–8er mit Schale
ohne Kopf
4 Scheiben Speck, geräuchert, oder Pancetta
4 blaue Kartoffeln, geschält
1 l Rapsöl zum Ausbacken im Topf
1/4 l Orangensaft, frisch gepresst
250 g Couscous
1 TL Olivenöl
1 TL Butterflocken
Salz
Pfeffer
Safran gemahlen
4 Zucchini, in Scheiben geschnitten
1 rote Paprika
1 gelbe Paprika
1 Prise Zucker
1 Spritzer Tabasco oder Harissa
2 Tropfen Sherryessig
2 EL Ketchup

Zubereitung

Ca. 2 – 3 Stunden vor dem Beginn des eigentlichen Kochens die Orangen auspressen.
Einen Teil des Saftes über den Couscousgrieß geben, damit er Zeit zum Quellen hat (dabei nimmt er bereits den Orangengeschmack auf). Anschließend die Scampi abspülen und die Schale komplett entfernen. Mit einem scharfen Messer einritzen und den Darm herausziehen. Anschließend die Scampi pfeffern und gut 15 Minuten mit etwas Limettensaft marinieren. Für das Peperonata den Umluftofen auf ca. 220 °C vorheizen.
Die Paprikaschoten mit kaltem Wasser abwaschen, trocknen und mit Speiseöl bepinseln. Anschließend in eine hitzestabile Backform oder auf ein Blech legen und für ca. 15 Minuten in den Ofen geben, dabei einmal drehen, bis die Haut Blasen wirft. Dann aus dem Ofen nehmen und auskühlen lassen. Nach dem Abkühlen die Haut abziehen, die Schoten halbieren, den Strunkansatz, weiße Häute und

die Kerne entfernen, einmal kurz unter fließend Wasser abspülen und anschließend in feine Würfel schneiden. Einen Teil der roten Paprikawürfel mit dem Zauberstab zu einer fruchtig roten Sauce aufmixen und dann mit etwas Sherryessig, einer Prise Salz, Tabasco und den restlichen Paprikawürfeln in einen kleinen Topf geben.
Das Ganze einmal kurz aufkochen, ggf. abschmecken und zur Seite stellen.
Die Scampi gut trocken tupfen und sparsam salzen. Die blauen Kartoffeln schälen, in die Gemüsemaschine einspannen und feine Kartoffelfäden herausdrechseln (alternativ lassen sich auch mit dem Sparschäler ansehnliche Ergebnisse erzielen). Die Kartoffelspäne um die Scampi wickeln und ausbacken. Die ideale Ausbacktemperatur liegt bei ca. 175 – 180 °C, die Garzeit beträgt je nach Größe der Scampi ca. 4–5 Minuten. Nach dem Frittieren auf Küchenkrepp lagern bis zum Anrichten.
Die Zucchinischeiben in etwas Salzwasser für 10 Sekunden blanchieren und in Eiswasser abschrecken. Anschließend gut abtrocknen. Jetzt den verbliebenen Rest des Orangensaftes und etwas gemahlenen Safran in einem Topf erhitzen und den eingeweichten Couscous hinein geben. Aufkochen und ca. 15 Minuten quellen lassen. Mit einer Gabel häufig auflockern, eine Flocke Butter hinzugeben und eventuell etwas nachwürzen.
Sobald der Orangencouscous gar ist, das Zucchiniblatt von innen in einen passenden Ausstechring legen, den Couscous unter leichtem Druck hinein füllen und das Förmchen auf einen vorgewärmten Teller heben. Den Ring hochziehen, den Scampi oben auflegen und mit Thymian, Filets von Orangen und Limettenscheiben garnieren.
Zum Schluss das Peperonata um das Couscoustörtchen herum verteilen.
Zusätzlich wird gern „Harissa" zu Couscousgerichten gereicht.
Hierzu empfiehlt Guido Eschholz einen 2006 Riesling trocken vom Weingut Strohm, Rheinhessen.

HEIDE-KATE

Heide-Kate
Landschinkenräucherei Bockhorn

Bockhorner Landstraße 54
23826 Bockhorn

Gastrotec
Partyservice

Moordamm 15
24628 Hartenholm

Telefon 0 41 95 / 13 11
Telefax 0 41 95 / 13 34

www.gastrotec.net

Direkt an der Bundesstraße 206 zwischen Bad Segeberg und Bad Bramstedt im Herzen der Segeberger Heide liegt die „Heide-Kate". Sie ist Verkaufsstelle der unter gleichem Namen vertriebenen Erzeugnisse der „Landschinkenräucherei Bockhorn" sowie einer breiten Palette weiterer Erzeugnisse – Landbrot, Honig aus eigener Imkerei, Fruchtaufstriche, Kräuterlikör und vor allem Gemüse nach Saison wie Spargel, Kohl und Kürbisse. „Aus der Region, für die Region", so formuliert Inhaber Carsten Schroedter sein Credo. Er arbeitet eng mit anderen Betrieben aus dem Holsteiner Auenland zusammen. So zum Beispiel auch mit der Hofgemeinschaft Weide-Hardebek, einem Demeter-Betrieb, von dem er unter ande-

rem Bio-Fleisch bezieht. Denn die Rückverfolgbarkeit des in seinem Betrieb zu Schinken- und Wurstspezialitäten verarbeiteten Fleischs bis hin zum Erzeuger ist Carsten Schroedter wichtig und er fügt hinzu: „Minimale Transportwege der Erzeugnisse sind die Voraussetzung dafür, dass wir Frische und optimale Qualität garantieren können."

Die Herstellung aller Produkte und insbesondere der im Glas eingemachten Spezialitäten wie Leberwurst, Sauerfleisch oder Schwarzsauer erfolgt nach traditioneller „Hausschlachtungsart". Die Kunden der „Heide-Kate" schätzen vor allem typische schleswig-holsteinische Spezialitäten und natürlich geräucherte „Klassiker" von der Dielenmettwurst im Leinendarm bis zum Katenschinken. „Der ist nach wie vor ein Kundenmagnet", so Schroedter.

Eine Besonderheit der „Heide-Kate" stellen Wild-Produkte wie Hirschsalami und Wildschweinleberwurst dar. Denn Carsten Schroedter ist selbst Jäger, jagt im Bereich Bark / Bockhorn und kann daher in der Saison auch frisches Fleisch vom Damwild, Rehwild und Rotwild sowie Wildschwein anbieten.

Die Vielfalt, mit der sich das Unternehmen präsentiert, erklärt sich aus der Umtriebigkeit des Inhabers. Schroedter absolvierte zunächst eine Ausbildung zum Schlachter, später eine zum Koch, bildete sich schließlich noch zum Hotelfachwirt fort und arbeitete vor seiner Selbstständigkeit zuletzt als stellvertretender Wirtschaftsdirektor im Hotel Interconti in Hamburg. In seinem heutigen Unternehmen, zu dem neben der „Heide-Kate" bzw. der „Landschinkenräucherei Bockhorn" auch der über die regionalen Grenzen hinaus bekannte Partyservice „Gastrotec" in Hartenholm gehört, der Anlagen und Ausrüstung für die Gastronomie vermietet und für Veranstaltung aller Art das komplette Catering organisiert, kann er aus allen drei Berufen und aus seinen Leidenschaften schöpfen – der des Jägers und der fürs Grillen. Denn nicht zuletzt ist Schroedter Mitglied im

„Hanseatischen BBQ-Club", der sich auf die Fahnen geschrieben hat, zu zeigen, dass Grillen nicht nur viel Spaß macht, sondern auch vielseitig und gesund sein kann. Im Mai 2007 trat er zusammen mit seinen Vereinskollegen bei den 12. Deutschen Grillmeisterschaften im nordrhein-westfälischen Gronau an. Ein Jahr lang hatte das Team für den Wettbewerb trainiert, an den Rezepten und der Präsentation gefeilt. Mit Erfolg – der Club durfte den Pokal des

Vizemeisters mit nach Hause nehmen. Ein Gute-Laune-Programm rund um das fünfgängige Grillmenü und die teils eigenwilligen Kreationen überzeugten die Jury. Ein besonderes Highlight bildete die „Rockwurst mit Kartoffelsternen", eine Bratwurst in Form einer E-Gitarre, eigens für den Wettbewerb kreiert und von Carsten Schroedter hergestellt. Seither hat die „Heide-Kate" einen Beinamen: „Home of the Rockwurst".

Rockwurst mit Kartoffelsternen

Zutaten

4 Rockwürste (alternativ andere Bratwürste)
500 g Kartoffeln
Salz

Zubereitung

Für die Kartoffelsterne die Kartoffeln blanchieren, in Scheiben schneiden und mit Plätzchenausstechern Sterne (oder andere Formen) ausstechen. Die Sterne auf Holzspieße spießen, ggf. etwas salzen, und gemeinsam mit den Würsten auf dem Grill rösten. Dazu schmeckt beispielsweise Curryfruchtsoße oder Tomatensoße.

CREATIV KÜCHEN DESIGN

Creativ Küchen Design

Schafskoppel 1
An der B432
23845 Itzstedt

Telefon 0 45 35 / 29 92 00
Telefax 0 45 35 / 2 99 20 20

www.creativ-kuechen-design.de

Kochkurse bei Köchen, die ihr Handwerk in den besten Häusern erlernt haben, und in einer Küche, deren Ausstattung keine Wünsche offen lässt – so ließe sich das Konzept der „creativ Kochschule" zusammenfassen. Etwa einmal im Monat bietet das Küchenstudio „Creativ Küchen Design" in Itzstedt Kochabende zu verschiedenen kulinarischen Themen an, vom Fischabend, bei dem verschiedene Garmethoden im Vordergrund stehen, über die besonders beliebten Wok-Abende bis hin zu saisonalen Veranstaltungen wie „Spargel und Kräuter" oder „Reh und mehr".
Die beiden Köche, die für diese Abende engagiert wurden, haben ihr Handwerk in einigen der besten Häuser Deutschlands erlernt und verfeinert. Michael Skubsch,

inzwischen selbstständig mit seiner Firma „Conrad Rent-A-Cook", kochte unter anderem im Hamburger „Vier Jahreszeiten" und im Restaurant „Louis C. Jacob". Kay Pellegrini arbeitete im „Fischereihafenrestaurant" und im „Tafelhaus" und wirkt heute in der durch Tim Mälzer bekannten „Oberhafen-Kantine". Beide haben genauso wie die Teilnehmer der Kochkurse viel Spaß daran, im Küchenstudio alle erdenklichen Geräte der umfassend ausgestatteten Vorführküche „auf Herz und Nieren" zu testen. Und wenn die Inhaber von „Creativ Küchen Design" Christian Richters und Rolf Jedamski nach einem solchen Kochabend in die zufriedenen Gesichter der Kochschüler blicken, dann macht sie das genauso froh, wie die zufriedenen Kunden, denen Sie bei der Planung und Umsetzung ihrer Küche zur Seite standen.

Gefragt nach dem „Rezept" von „Creativ Küchen Design", verweist Christian Richters auf die sechs Bausteine seiner Firmenphilosophie: Kompetenz, Persönlichkeit, Qualität, optimierte Funktionen, Service sowie Flexibilität und Kulanz.

Planung heißt für Richters und seine Mitarbeiter, „das Optimum aus einem Raum herauszuholen." Der Service schließt die enge Zusammenarbeit mit allen Beteiligten vom Architekten bis zum Handwerksbetrieb ein. Das Haus übernimmt auf Wunsch des Kunden die vollständige Koordination einer Maßnahme. Persönlichkeit steht für „Fragen, Zuhören, Verstehen und Umsetzen" – vier Grundeigenschaften, die die fachliche Kompetenz aller Mitarbeiter von

„Creativ Küchen Design" ergänzen. Sich ergänzende Eigenschaften gaben denn auch vor knapp 15 Jahren den Ausschlag, als sich Christian Richters und Rolf Jedamski zusammentaten, um den Betrieb zu gründen. Richters hatte zu diesem Zeitpunkt schon viele Jahre mit dem Verkauf von Küchen zu tun gehabt, zunächst im Einzelhandel, dann im Vertrieb für einen namhaften Küchenhersteller. „Ich kann nichts anderes", sagt er schmunzelnd. Sein Kollege Jedamski brachte als gelernter Elektriker technischen Fachverstand und koordinatorische Fähigkeiten mit ein. Diese „Zutaten" sorgen für ein ungewöhnliches und vor allem umfassendes Konzept, welches dem Betrieb die Auszeichnung einbrachte, von der Zeitschrift „Schöner Wohnen" als eines der 200 besten Küchenstudios Deutschlands eingestuft zu werden.

Obst in Weinteig mit Fruchtsoße

Zutaten

Für den Weinteig:
200 g Mehl
2 Eigelb
200 ml Weißwein
25 g Zucker
2 Eiweiß
Zimtzucker zum Bestreuen
Obst (feste Früchte, wie z.B. Bananen, Feigen, Ananas, Mango oder Kirschen)

Für die Fruchtsoße:
50 g Brombeeren
25 g Zucker
1/4 Vanilleschote
50 ml (dunklen) Fruchtsaft
2 cl Cassislikör

Zubereitung

Die Eigelbe mit dem Mehl verrühren. Den Weißwein zugießen und weiter gut verrühren, sodass ein glatter Teig entsteht. Ca. 20 Minuten quellen lassen, dann das Eiweiß mit dem Zucker zu Schnee schlagen und unterheben. Obststücke in den Teig eintauchen und im Fett bei 180 °C etwa 2 bis 3 Minuten ausbacken. Vor dem Servieren mit Zimtzucker bestreuen. Für die Fruchtsoße zunächst den Zucker karamellisieren, Beeren sowie das Mark der Vanilleschote hinzufügen und mit dem Fruchtsaft und dem Cassislikör ablöschen. Dann einkochen lassen. Vom Herd nehmen, pürieren und passieren.

GUT KADEN

Gut Kaden Gastronomie

Kadener Straße 9
25489 Alveslohe

Telefon 0 41 93 / 9 71 44
Telefax 0 41 93 / 9 37 90

www.gutkaden.de

„Gut Kaden" ist vielen vor allem als Golfanlage und als Austragungsort des „Deutsche Bank Players' Championship" bekannt. Dass es auch für den kulinarisch Interessierten ein lohnenswertes Ziel ist, wissen nur wenige.

Um 1755 wurde das Herrenhaus erbaut, das heute die Gastronomie und Räumlichkeiten für Veranstaltungen aller Art beherbergt. Seit mehr als 15 Jahren sorgt hier Chefkoch Johann Alt mit seinem eingespielten Team für das leibliche Wohl der Gäste. Golfer wie „Noch-nicht-Golfer", wie die Kadener es gerne ausdrücken, sind im À-la-carte-Restaurant herzlich willkommen. Je nach Saison und Auslastung speist man in den historischen Räumen oben im Gutshaus oder etwas zünftiger im Gewölbekeller, im Sommer vor allem draußen auf der Terrasse mit Blick auf den Golfplatz.

Die Küche ist äußerst facettenreich, die Karte wechselt nach Saison. Richtig austoben kann sich der kreative Koch bei Veranstaltungen. Vor allem bei Hochzeiten sorgt das historische Ambiente der Räumlichkeiten inmitten der malerischen Umgebung für einen angemessenen Rahmen, den das Gastronomieteam mit festlicher Dekoration, perfektem Service und hochwertigen Speisen mit Leben füllt.

Dabei versteht es Alt, sich auf eine breitgefächerte Klientel von „jung und experimentierfreudig" bis zum „konservativen Esser" einzustellen. „Eigentlich ist genau diese Mischung das Schöne", sagt er.

Hier und da scheinen auf der Karte oder in seinen Buffet- und Menüvorschlägen neben Anklängen aus der klassischen französischen und der Mittelmeerküche auch solche aus Franken, der Heimat des bekennenden

Wahl-Holsteiners, durch. Und manchmal vermischt sich auch typisch Norddeutsches mit typisch Süddeutschem, wie bei den „Nordseemaultaschen" oder „Lachs und Muscheln im Wirsingblatt".

Ausgewählten Kollegen stellt der Küchenmeister sein Refugium bisweilen für einen Tag zur Verfügung. So haben beispielsweise im Jahr 2006 Michael Hoffmann aus dem Berliner „Margaux", Jörg Müller von der Insel Sylt und Thomas Martin, Chef de Cuisine im Hamburger „Louis C. Jacob", die alle drei mit einem Michelin-Stern dekoriert sind, Clubmitglieder und Gäste bei Menüabenden verwöhnt.

Bei aller kulinarischen Vielfalt, die die Gastronomie auf „Gut Kaden" bietet, würden von den Golfern aber auch häufig deftige Klassiker wie Bauernfrühstück bestellt, erzählt Johann Alt mit einem Schmunzeln. „Wenn man vier Stunden über den Platz gelaufen ist, dann hat man halt Hunger!", sagt er. Gern und oft wird auch der Wiener Apfelstrudel verzehrt, zu dem uns Johann Alt das nebenstehende Rezept verraten hat.

Wiener Apfelstrudel

Zutaten

300 g Mehl
40 g Öl
1 Prise Salz
ca. 160 ml warmes Wasser
7 Äpfel
Zucker (nach Geschmack)
1 Zitrone
1 TL Zimt
100 g Sultaninen
4 cl Rum
2 EL Grieß
100 g Butter
50 g Semmelbrösel

Zubereitung

Aus Mehl, Öl, Salz und warmem Wasser einen Teig zubereiten und kräftig durchkneten. Mit Öl bestreichen und eine Stunde zugedeckt ruhen lassen.
Für die Füllung die Äpfel schälen, entkernen, in dünne Scheiben schneiden und mit dem Saft der Zitrone beträufeln. Mit Zucker, Zimt, den Sultaninen, dem Rum und dem Grieß vermischen.

Den Strudelteig auf einem leicht bemehlten Tuch ausrollen und dünn zu einem Rechteck ausziehen. Semmelbrösel mit Butter anrösten und die restliche Butter zerlassen. Den Teig mit etwas flüssiger Butter bestreichen und die gerösteten Brösel darübergeben. Die angemachten Äpfel auf dem Teig verteilen, die Teigkanten leicht umschlagen.
Nun den Teig mithilfe des Tuchs langsam aufrollen. Auf ein Backblech geben, mit zerlassener Butter bestreichen und bei 170 °C ca. 45 Minuten backen. Nach ca. 35 Minuten noch einmal mit Butter bestreichen.
Der Strudel kann mit Vanillesauce und Vanilleeis gegessen werden.

DIE KÄSESTRAßE SCHLESWIG-HOLSTEIN

Zum Thema Käse gäbe es unzählige Gerüchte und Missverständnisse auszuräumen. Das beginnt bei der weit verbreiteten Meinung, Deutschland sei nicht unbedingt ein Käseland. Diese Eigenschaft schreibt man eher Holland zu, dessen Einwohner gerne „Käsköppe" genannt werden, oder Frankreich mit seinem Camembert und vielleicht noch der Schweiz, deren Käse vermeintlich die größten Löcher hat. Tatsächlich hat kaum ein Land eine derartige Sortenvielfalt wie Deutschland und die konzentriert sich vor allem in Schleswig-Holstein! Denn von den etwa 500 Käsesorten aus deutschen Meiereien werden gut 120 allein in Schleswig-Holstein hergestellt.

Ein weiteres Gerücht, welches sich beharrlich hält, ist, dass Tilsiter ein typisches schweizer Erzeugnis sei. Dabei hat die schweizer Variante mit dem schleswig-holsteinischen Tilsiter, dem „Käse des Nordens", wenig gemein. Denn der braucht zum Reifen das besondere Klima der Küstenregion. Und schon lange bevor das Rezept im ostpreußischen Tilsit aufgeschrieben wurde und der Käse dadurch seinen Namen erhielt, stellte man im Norden die von den Einheimischen liebevoll „Stinkekäse" genannte Spezialität her. Überhaupt ist die Geschichte des Käses beinahe so alt wie die der Menschheit. Ab etwa 5000 vor Christus verstand man die Zusammenhänge, die zur Dicklegung der Milch führen, woraufhin im Mittel- und Schwarzmeerraum die Käseherstellung kultiviert wurde. So wie die Völker in den folgenden Jahrhunderten kreuz und quer durch Europa wanderten, sich gegenseitig eroberten oder Handel miteinander trieben, gaben sie Erfahrungen, Rezepturen und Herstellungsverfahren untereinander weiter und sorgten damit für den Sortenreichtum, den wir heute kennen.

Diesen zu bewahren, Schleswig-Holstein als Käseregion bekannt zu machen und vor allem eine Rückbesinnung auf heimische Produkte nach der Maxime „Aus der Region für die Region" zu fördern, hat sich der Verein „Käsestraße Schleswig-Holstein e.V." zum Ziel gesetzt. Die Idee dazu entstand 1998 auf einem von „Slow Food" organisierten Käsemarkt im Freilichtmuseum am Kiekeberg in Niedersachsen, wo die große Zahl der schleswig-holsteinischen Käsereien auffiel. Im Jahr 2000 wurde der Verein gegründet. Inzwischen ist die Zahl der Mitglieder auf über 30 angewachsen, von kleinen Familienbetrieben, die gerade genug Käse für den Verkauf im eigenen Hofladen produzieren, bis zu größeren Meiereigenossenschaften, deren Käse in den Auslagen der hiesigen Supermärkte zu finden sind.

„Die Käser sind die Winzer des Nordens." So hat „Slow Food" die Bedeutung des Käses im Norden auf den Punkt gebracht. Überhaupt haben Käse und Wein viele Gemeinsamkeiten. Vor allem bei der Zugabe von Bakterien und Reifungskulturen und der Überwachung der damit verursachten Prozesse ist höchste Sorgfalt und ein reicher Erfahrungsschatz unerlässlich. Zudem erfordert die Käseherstellung aus Kuh-, Ziegen oder Schafsmilch viel Handarbeit und Geduld. Um ein Kilogramm Käse zu erhalten, müssen zunächst aus rund zehn Litern Milch neun Liter Molke abgeschieden werden. Das Schneiden der Gallerte, das Pressen des Käsebruchs und das Verfüllen in sortentypische Formen geschehen ebenso handwerklich wie das Wenden, Bestreichen oder Bürsten der Laibe während der oft monatelangen Reifezeit.

Veranstaltungen, zum Beispiel im Holtseer „Käsekeller", vermitteln von all dem einen Eindruck. Einige der Käsestraßenbetriebe bieten (in der Regel nach vorheriger Absprache) Betriebsführungen mit Verkostung an, bei vielen kann man vor Ort einkaufen. Informationen rund um die Käsestraße gibt es auch im Internet unter www.kaesestrasse-sh.de. Ein idealer Einstieg in das Thema ist ein Besuch der „Käse-Infothek(e)" beim „meierhof Möllgaard" in Hohenlockstedt. Mit etwas Glück treffen Sie dort Detlef Möllgaard, einen der Gründerväter des Vereins „Käsestraße Schleswig-Holstein e.V.", persönlich an. Versorgt mit vielen Informationen rund um das Thema Käse und der „Landkarte" der Käsestraße, vielleicht auch gestärkt durch einen Käse-Spieß als Pausensnack, sind Sie anschließend getreu dem Slogan der Käsestraße „dem Genuss auf der Spur".

MEIERHOF MÖLLGAARD

eine Nische besetzt im hart umworbenen Markt für ernährungsbewusste und genuss-orientierte Verbraucher.

Das Unternehmen bildet die Schnittstelle zwischen den Käseproduzenten der schleswig-holsteinischen Käsestraße und dem Groß- und Einzelhandel im Norden. Beliefert werden sowohl die hiesigen Supermarktketten wie Coop (Plaza und Sky), Markant, Famila oder Edeka als auch viele kleine Hofläden, Markthändler und die gehobene Gastronomie. „Für die Hersteller sind wir Dienstleister in Sachen Marketing und Distribution, für den Einzelhandel Problemlöser", so Kirsten Möllgaard und sie ergänzt: „Wir kennen alle Erzeuger und deren Produkte genau und können den Handel deshalb auch hinsichtlich der Sortimentsgestaltung beraten." Die Vorteile für die Konsumenten: Eine große Sortimentstiefe regionaler Produkte in den Käsetheken, die Rückverfolgbarkeit jedes Käses bis zum Erzeuger und damit Nachvollziehbarkeit hinsichtlich der Zutaten und der Herstellungsverfahren. „meierhof", so erläutert Kirsten Möllgaard, stehe für „Meiereiprodukte wie früher" – unverfälscht und vielfältig.

Viel Phantasie beweist das Unternehmen bei der Namensfindung für Produkte der

„Zu jedem Käse gibt es eine Geschichte zu erzählen", sagt Kirsten Möllgaard. Sie schwärmt sogleich von einer der über 60 Sorten in der Theke ihres im November 2005 eröffneten Hofladens, erläutert Ursprung und Herstellungsverfahren, erklärt, warum es Ziegen- und Schafskäse nicht ganzjährig gibt, liefert Hinweise zur Aufbewahrung und obendrein noch ein passendes Rezept.

Die Leidenschaft für Käse liegt den Möllgaards im Blut. Seit Gründung der Käsestraße Schleswig-Holstein betreibt die Familie in Hohenlockstedt ihren Betrieb mit dem Markennamen „meierhof", mit dem sie

meierhof Möllgaard

Kieler Straße 84
25551 Hohenlockstedt

Telefon 0 48 26 / 37 03 78
Telefax 0 48 26 / 37 09 94

www.meierhof-kaese.de

Marke „meierhof". So wurde der Rauchkäse „Biikesäis" getauft, nach dem nordfriesischen „Biikebrennen" und dem friesischen Wort „säis" für Käse. Der „5-Sprachen-Käse" verweist auf die fünf in der Ursprungsregion Nordfriesland gesprochenen Sprachen – Hochdeutsch, Plattdeutsch, Dänisch, Südjütisch und Friesisch. Und der leichte Weichkäse mit wolkenweißer Rinde nennt sich treffend „Kumulus".

Neben der Käse-Distribution und der Produktentwicklung übernimmt der „meierhof Möllgaard" die Aufgabe der Veredelung bestimmter Käsesorten durch Reifung und Pflege im eigenen Käsekeller. Im Französischen bezeichnet der Begriff „Maître fromager affineur" sehr frei übersetzt den „Käsekellermeister". Womit wir bei der naheliegenden Parallele zwischen Käse und Wein wären. Die greift Kirsten Möllgaard dankbar auf und erzählt, dass am Standort in Hohenlockstedt neben Vorträgen und Käseseminaren regelmäßig „Käseproben mit Wein" veranstaltet werden. Und auch bei der „Weinsuppe mit Biikesäis" nach nebenstehendem Rezept bilden Wein und Käse ein perfektes Paar.

Weinsuppe mit Biikesäis
(für 6 – 8 Personen)

Zutaten

250 g Graupen
500 g Trockenpflaumen
250 g Rosinen
1 Stange Zimt
1 unbehandelte Zitrone,
in Scheiben geschnitten
2 – 3 Nelken
1/2 Flasche Rotwein
1/2 Flasche Weißwein
Rum (nach Geschmack)
Johannisbeersaft (nach Geschmack)
Zucker

Zubereitung

Die Graupen in ca. 4 Litern Wasser für ca. 30 Minuten kochen. Dann die übrigen Zutaten und Gewürze in die dickliche Suppe geben und das Ganze 15 Minuten köcheln lassen. Rotwein und Weißwein und ggf. Rum und Johannisbeersaft ebenfalls zufügen und kurz nachwärmen. Mit Zucker abschmecken.

Dazu werden Semmeln („Kieler" bzw. „Bauernjungs") oder frisches Weißbrot mit Butter sowie Biikesäis gereicht.

Weinsuppe mit Schinken ist ein altes Gericht, das traditionell in Nordfriesland zur Konfirmation gereicht wurde. Die Suppe wurde tags zuvor gekocht. Vor dem Gottesdienst wurde sie im Kochtopf erhitzt und im Bett unter der Bettdecke warm gehalten. Somit war das Essen für die Gäste fertig zubereitet. Bis in die Fünfziger Jahre kamen die Konfirmationsgäste oft ungeladen bis in die Abendstunden zum Gratulieren. Unter der Bettdecke hielt man diese anregende, leckere Mahlzeit stets warm und zum Verzehr bereit.

KÄSEREI HOLTSEE

nach seinem persönlichen Verhältnis zum Thema Käse: „... die bemerkenswerte Geschmacksvielfalt, die immer auf dem gleichen Rohstoff basiert!"

Berühmt ist die „Käserei Holtsee" vor allem für ihren Tilsiter mit der sortentypischen naturgereiften Oberfläche und einer „gerstenkornförmigen Schlitzlochung" im Innern. Angeboten wird er in unterschiedlichen Reifestufen – vom vergleichsweise milden klassischen „Holtseer Tilsiter" über den drei Monate gereiften herzhaft-würzigen „Kleinen Holtseer" bis hin zum „Ascheberger Nr. 1 für Kenner", der nach gut sechs Monaten Reifezeit über ein kräftig-pikantes Aroma verfügt und unter sensiblen Nasen als „umstritten" gelten darf.

Die Herstellung erfordert selbst bei größeren Produzenten wie der „Käserei Holtsee" viel Handarbeit und größte Sorgfalt.

Zunächst wird die angelieferte Milch pasteurisiert, danach setzt die Vorreifung der Milch ein. Der eigentliche Käsungsprozess wird durch die Zugabe von Naturlab und Bakterienkulturen eingeleitet. Hierbei trennt sich der so genannte Käsebruch von der Molke. Der Bruch wird von Hand geschöpft und in entsprechende Formen gefüllt, die noch einige Zeit regelmäßig gewendet werden müssen, um eine stabile Konsistenz zu erhalten. Anschließend werden die Formen etwa zwei Tage in ein Salzbad getaucht. Erst im Käsekeller beginnt der eigentliche Reifeprozess. Die Laibe werden mit Rotschmierekulturen bestrichen und dann regelmäßig von Hand gewendet und mit Salzwasser abgebürstet. Der Fachmann spricht von „Käsepflege".

Ein durchgängiges Qualitätssicherungssystem von der Verprobung der Eingangsmilch über alle Zwischenstufen bis zum fertigen Käse „nach den Regeln der amtlichen Käseprüfung" ist unerlässlich, wie Geschäftsführer Hartmut Kittler betont. Neben labortechnischen Untersuchungen wird jede Charge, die das Haus verlässt, durch die Mitarbeiter der Käserei bezüglich des Geruchs, des Geschmacks und des Aussehens beurteilt.

Käserei Holtsee

Dorfstraße 2
24363 Holtsee

Telefon 0 43 57 / 9 97 10
Telefax 0 43 57 / 99 71 21

info@kaeserei-holtsee.de

Noch in den 1960er Jahren wurde auf den Bauernhöfen größtenteils von Hand gemolken und die Milch wurde in Milchkannen zur Meierei gefahren, die es noch in beinahe jedem Dorf in Schleswig-Holstein gab. Heute haben die Erzeuger in der Regel Melkanlagen, mit Tanksammelwagen holen die Meiereien die Milch ab. Viele der kleineren Meiereien bestehen nicht mehr. Geblieben ist jedoch die Käsevielfalt und das ist auch den größeren Meiereigenossenschaften wie der „Käserei Holtsee" zu verdanken, die die alten Rezepturen übernahmen und bewahrten. So antwortet Geschäftsführer Hartmut Kittler, gefragt

Wer sich ein genaueres Bild von der Käseproduktion machen will oder einfach nur etwas mehr über Käsekultur im Norden erfahren möchte, hat hierzu in der „Käserei Holtsee" verschiedene Möglichkeiten. In einem ehemaligen Käsekeller wurde ein Schulungs- und Erlebnisraum eingerichtet, in dem in Zusammenarbeit mit dem „Verein Käsestraße Schleswig-Holstein e.V." verschiedene Veranstaltungen angeboten werden. Programm Nr. 1 steht unter dem Motto „Hören, sehen und genießen! Alles rund um den Holtseer Käse.", Programm Nr. 2 lautet „Informieren und schmecken – alles über Käse" und Programm Nr. 3 „Käse und Wein – dem Genuss auf der Spur." Alle drei Programme schließen eine Brotzeit mit ein. Wem Tilsiter zu kräftig ist, der kann dabei auch andere traditionell hergestellte Käsesorten wie den Havarti „Holtseer Hütchen", den mild-aromatischen „Holtseer Butterkäse" oder Spezialitäten anderer Betriebe der schleswig-holsteinischen Käsestraße probieren.

Holtseer Käsestraßen-Salat

Zutaten

400 g Holtseer Butterkäse
120 g blaue Weintrauben
1 Apfel
1 Lauchzwiebel
70 g Walnusskerne
6 EL Walnussöl
2 EL Obstessig
2 TL Senf
Salz
Pfeffer
Zucker

Zubereitung

Aus dem Walnussöl, dem Obstessig, dem Senf, Salz, Pfeffer und etwas Zucker eine Marinade anrühren. Den Holtseer Butterkäse und die Lauchzwiebeln in kleine Würfel schneiden, die Marinade dazugeben und über Nacht ziehen lassen. Am nächsten Tag die Weintrauben entkernen, halbieren und dazugeben. Den Apfel in kleine Würfel schneiden, die Walnusskerne zerkleinern und ebenfalls unterrühren.

Getreide, am Samstag zusätzlich Brötchen, Ciabattas und „Seelen", ein süddeutsches Salzgebäck.

40 schwarzbunte Kühe liefern die Milch, von der ein Teil als Frischmilch verkauft wird. Der Rest wird unter der Regie von Knut Ellenberg zum großen Teil zu Joghurt, Quark und verschiedenen Sorten Schnitt- und Hartkäse verarbeitet. Die Molke, die bei der Käseherstellung quasi ein Abfallprodukt ist, wird zusammen mit hofeigenem Getreide an die Schweine verfüttert. „Wichtig ist uns, die Kreisläufe geschlossen zu halten", sagt Gerlinde Nägel. Auch Frischfleisch und Wurstspezialitäten aus eigener Schlachtung werden im Hofladen verkauft. Hinzu kommt frisches Gemüse anderer Bio-Höfe, Natur-kostprodukte und Bio-Produkte anderer Käsestraßen-Betriebe.

Unterstützt wird die Hofgemeinschaft von Auszubildenden und Praktikanten und von neun Senioren, die die „Alte(n) Scheune" bewohnen. In der Saison nehmen außerdem Feriengäste in den Gästezimmern und Ferienwohnungen des Hofs Quartier. „Auf unserem Hof", so Gerlinde Nägel, „findet vielfältiges Leben statt, mit der Landwirt-schaft als Zentrum." Während der Saison gewährt der „Hof Klostersee" einmal in der Woche Besuchern mit Hofführungen Ein-blick in dieses Leben.

Hofgemeinschaft Klostersee

23743 Cismar

Telefon 0 43 66 / 5 17
Telefax 0 43 66 / 3 13

www.hof-klostersee.de

Zwei Jubiläen wurden im Jahr 2007 auf dem „Hof Klostersee" mit vielen Einzelver-anstaltungen gefeiert: Die Umstellung auf biologisch-dynamische Wirtschaftsweise im Jahr 1987 und die Übertragung des Hofs auf den gemeinnützigen „Verein Hof Kloster-see", von dem die heutige Hofgemeinschaft den Hof gepachtet hat. Sie besteht aus der Landwirtsfamilie Knut und Kristine Ellen-berg, Gabriele Hilbert, die den Verkauf im Hofladen organisiert, Alberto Ariberti, ver-antwortlich für den Verkauf auf Märkten und die Lieferungen, und Gerlinde Nägel, die die Umstellung der Wirtschaftsweise im Jahr 1987 und auch die Gründung des Ver-eins mit initiiert hatte.

Viermal in der Woche backen Gerlinde Nägel und Kristine Ellenberg 12 verschiedene Sorten Brot, überwiegend aus eigenem

Der Dolleruper Ortsteil Streichmühle ist seit jeher Standort einer Mühle. Die heutige, weithin sichtbare Windmühle ist Eigentum von Familie Mangelsen. In Betrieb ist sie nicht mehr. Doch auf dem Hof wird noch immer Korn gemahlen – ausschließlich Biogetreide von zertifizierten Erzeugern aus dem Norden. Hieraus backt Ingelore Mangelsen frisches Brot nach alter Art. Für alles, was der Hof selbst produziert, gilt: alle Ausgangsprodukte sind naturbelassen und frei von Konservierungs- oder anderen Zusatzstoffen – für eine gesunde Ernährung. Bei der Herstellung von Vierkorn-, Mühlen-, Bauern- oder Schrotbrot wird auf Weizen verzichtet. Verwendet werden überwiegend Dinkel und Roggen. Der Teig für die hausgemachten Nudeln wird aus Biogetreide und mit Eiern von „glücklichen" Hühnern hergestellt. Die Milch für den selbst produzierten Käse geben die eigenen Kühe, und frisches Rindfleisch, Wurst oder Sauerfleisch kommen aus eigener Schlachtung.

Die Rinderhaltung und der damit einhergehende Futterbau sind ein wichtiges Standbein des Bauernhofs, den die Familie im Vollerwerb bewirtschaftet. Aber auch ein Teil des Gemüses, das im Hofladen verkauft wird, kommt von der eigenen Scholle. Außerdem baut der Betrieb rund 60 Kürbissorten an, die im Herbst den Hof in leuchtende Farben tauchen.

Was sonst noch angeboten wird, ist wohlüberlegt zusammengestellt. Ingelore Mangelsen erzählt: „Wir haben unser Sortiment über die Jahre Hand in Hand mit den Kunden aufgebaut." Dekorations- und Geschenkartikel finden sich hier ebenso wie ausgewählte Produkte aus dem Naturkostgroßhandel und „Convenience-Produkte" – hausgemachte, fertige Suppen und Eintöpfe. Bei gutem Wetter lädt der „Hofladen Mangelsen" in den Sommermonaten zudem mit Kaffee und leckeren selbst gebackenen Kuchen zu einer Rast draußen auf dem Hofplatz ganz in der Nähe der alten Mühle ein.

Hofladen Mangelsen

Haffstraße 62
24989 Streichmühle

Telefon 0 46 36 / 86 21
Telefax 0 46 36 / 16 01

www.hofladen-mangelsen.de

HOF DANNWISCH

Ansatz infrage. Der Hof genießt ein hohes Ansehen in der Umgebung und weit darüber hinaus.

Rund dreißig Personen – neben der acht-köpfigen Betriebsgemeinschaft vier Betreute sowie Lehrlinge und Praktikanten – bewirtschaften die 160 Hektar Gesamtfläche, die zu etwa einem Drittel aus Grünland und zwei Dritteln aus Ackerfläche bestehen, die in siebenfeldriger Fruchtfolge bestellt wird. Neben verschiedenen Getreidesorten baut der Betrieb Feld- und Feingemüse an. 300 Hühner, rund 40 Schweine und eine etwa 40 Tiere umfassende Kuhherde aus behörntem, rotbuntem „Holsteiner Niederungsvieh", dem Urtyp des schleswig-holsteinischen Rindes, werden auf dem Hof gehalten und gezüchtet. Die Vermarktung der Produkte erfolgt im eigenen Hofladen und auf besonderen Märkten, durch Belieferung anderer Hofläden und durch so genannte „Abo-Kisten".

Für die Verarbeitung der rund 500 Liter Rohmilch, die die Kühe täglich geben, ist Tobias Schüller verantwortlich, der stolz darauf verweist, dass der „Hof Dannwisch" einer von nur etwa 70 Vorzugsmilchbetrieben in ganz Deutschland und außerdem Gründungsmitglied des Vereins „Käsestraße Schleswig-Holstein e.V." ist. Auf Basis der unbehandelten Rohmilch erzeugen Schüller und seine Mitarbeiter in „handwerklicher Milchverarbeitung" Quark, Joghurt, Sahne und Butter und nicht zuletzt rund zwei Dutzend Sorten Käse.

Drei Grundzutaten, überwiegend vom eigenen Hof – Milch, Kultur und Lab – und drei Verfahrensparameter, die in der Hand des Käsers liegen – Menge, Temperatur und Zeit – setzt Schüller zur Herstellung von drei Grundarten von Käse ein – Weichkäse, Schnittkäse und Hartkäse. Teils orientiert er sich an alten Rezepten, wie beim „Holsteiner Lederkäse" oder dem „Dannwischer Tilsiter", teils entwickelt er auf Basis seiner Erfahrung neue Käsesorten. Und dies mit viel Erfolg. Im Jahr 2006 gewann der Hartkäse „Opa Dannwisch" bei der „VHM-Verbands-Käseprüfung" den Qualitätspreis

Hof Dannwisch
Betriebsgemeinschaft GbR

Dannwisch 1
25358 Horst

Telefon 0 41 26 / 21 98 oder 14 56
Telefax 0 41 26 / 27 84

www.dannwisch.de

Als Margret und Dieter Scharmer im Jahr 1957 ihren Betrieb, den „Hof Dannwisch" in Horst bei Elmshorn, auf biologisch-dynamische Wirtschaftsweise umstellten, da erschien den Bauern der umliegenden Höfe das Ansinnen wohl eher abwegig. Und noch in den 1980er Jahren, als Scharmers den Hof an eine gemeinnützige Eigentümergemeinschaft übergaben, von der die heutige Betriebsgemeinschaft den Hof gepachtet hat, wurden sie bisweilen milde belächelt. Heute, mehr als 50 Jahre später, stellt niemand mehr den richtungweisenden

in Gold, und 2007 erhielt die Hofkäserei
den „Norddeutschen Käsepreis".
Einen ganz besonderen Käse bewahrte
Schüller für das Hoffest auf, mit dem im
Mai 2007 das 50-jährige Jubiläum gefeiert
wurde: einen Hartkäse, den er fünf Jahre
reifen ließ. Auch Margret und Dieter
Scharmer, die im Altenteil auf dem Hof
leben und unter anderem den Kräutergarten
hegen, aus dem Schüller diverse Zutaten
für seine Käsespezialitäten bezieht, dürfte
er geschmeckt haben.

Dannwischer Käse-Creme

Zutaten

200 g reifen Brie (Dannwischer
Schimmelreiter)
100 g Frischkäse
50 g Walnüsse, gehackt
4 EL süße Sahne
Pfeffer
Schnittlauch

Als Dekoration
Birnenspalten
halbierte Walnüsse
Schnittlauch
Sprossen oder Blüten der Saison

Zubereitung

Die weiße Rinde des Brie dünn
abschälen. Den verbleibenden Käse
fein würfeln und in eine Schüssel
geben. Den Frischkäse hinzugeben
und alles vermischen (am besten mit
einer Gabel zerquetschen).
Anschließend die Sahne unterarbei-
ten, bis die Masse schön cremig wird.
Das Ganze mit frisch gemahlenem
schwarzem Pfeffer abschmecken.
Zuletzt die fein gehackten Walnüsse
und den Schnittlauch unterheben.
Zum Anreichen mit einem Teelöffel
kleine Käsecreme-Häufchen neben
die Birnenspalten setzen. Nach
Belieben mit etwas Schnittlauch oder
fein geschnittenen Kressesprossen
dekorieren und die Häufchen mit den
Walnusshälften verzieren.
Besonders delikat dazu sind Pumper-
nickel.

FEINKÄSEREI SARZBÜTTEL

Feinkäserei Sarzbüttel
Meiereigenossenschaft Sarzbüttel eG

Hauptstraße 43
25785 Sarzbüttel

Telefon 0 48 06 / 3 28
Telefax 0 48 06 / 5 01

www.kaeserei-sarzbuettel.de

Im Jahr 1888 wurde die „Meiereigenossenschaft Sarzbüttel eG" gegründet. Heute ist sie die einzige milchverarbeitende Meierei in Dithmarschen. Wurden Mitte bis Ende des 19. Jahrhunderts noch alle Bereiche der Meiereiwirtschaft abgedeckt, so hat sich der Betrieb inzwischen auf die Herstellung von Käsespezialitäten spezialisiert.

Die Produktpalette der „Feinkäserei Sarzbüttel" umfasst verschiedene Käse, die sich durch unterschiedliche Herstellungsverfahren, Reifungszeiten und Fettgehaltsstufen von 20 bis 60 Prozent Fett im Trockenanteil unterscheiden. Die Klassiker, wie der „Schlemmerkäse" und der „Nordseekäse", die wie der überwiegende Teil der Produktion über die „Gut von Holstein GmbH" vertrieben werden, sind in beinahe jeder Käsetheke im Norden zu finden. Einige Sorten jedoch gibt es nur im kleinen Hofladen der Käserei vor Ort in Sarzbüttel.

Dazu zählen unter anderem die „Gewürzkäse" mit Schnittlauch, Paprika oder Bärlauch und die Sorten „Nordländer" und „Katenrauch" als „Mini-Käse" mit 700 bis 800 Gramm je Laib.

Der Katenrauchkäse ist eine der besonderen Spezialitäten des Hauses. Er wird nach drei bis vier Wochen Kellerreifung für 24 Stunden im kalten Buchenrauch geräuchert. Besonderes gilt auch für den „Deichländer". Denn die „Feinkäserei Sarzbüttel" ist eine der letzten Käsereien, die unter diesem Namen die Käsesorte Steinbuscher überhaupt noch herstellen. Zum Teil produziert man ihn auch für andere Betriebe im so genannten „Private Labeling"-Verfahren. Das heißt: Wo auch immer man im Norden einen Steinbuscher kauft und welchen Namen er auch immer trägt – er wurde mit großer Sicherheit in Sarzbüttel produziert. Geschäftsführer Bernd Stöfer freut sich über die Käsevielfalt aus seinem Haus. Er selbst hat eine hohe Affinität zu Käse und, wie er erzählt, „schon als kleiner Junge immer gern mit der Schürze in der Käserei gestanden." Bereits sein Großvater und auch sein Vater waren in schleswig-holsteinischen Meiereien tätig. Täglich werden 40 000 bis 50 000 Liter Rohmilch mit einem Tanksammelwagen direkt von den 37 Landwirten der Genossenschaft abgeholt. Die Käserei kennt alle Erzeuger persönlich und kann jeden Liter Milch quasi „bis zum Landwirt" zurückverfolgen und sich deshalb für die gute Qualität verbürgen. Jeweils ab etwa drei Uhr morgens startet an sechs Tagen in der Woche die Produktion. 26 Mitarbeiter, darunter ein Auszubildender, erledigen alle Schritte der Käse-

produktion – von der Zugabe des Labs zur Dicklegung der Milch über den Schnitt per Käseharfe und das Verfüllen in Formen bis hin zur täglichen Pflege der Laibe von Hand. Der „feine Unterschied" zwischen den Käsesorten besteht in der Verwendung verschiedener Kulturen und der Anwendung unterschiedlicher Temperaturen und Zeiten. Große Sorgfalt und eine ständige Qualitätskontrolle sind bei alldem unerlässlich. 1,1 bis 1,3 Millionen Kilogramm Käse werden auf diese Art Jahr für Jahr produziert. Konsumenten allerorts, die einheimische Stammkundschaft sowie Touristen, die sich mit einem Käse aus Sarzbüttel ein Stück „Nordsee-Feeling" mit nach Hause nehmen, wissen es zu schätzen.

Nordseecremesuppe mit Gemüse

Zutaten

750 ml Gemüsebrühe
2 mittelgroße Karotten
1 Lauchstange
200 g „Gut von Holstein Nordsee-Käse"
5 Scheiben Frühstücksspeck
Pfeffer
Muskat

Zubereitung

Karotten und Lauch in kleine Scheiben schneiden und in die erhitzte Gemüsebrühe geben. Zwei Minuten wallend kochen, dann die Hitze zurücknehmen. Den Nordsee-Käse unter Schlagen mit dem Schneebesen in der heißen Suppe auflösen. Weiter schlagen, bis die Suppe schäumt. Mit frisch geriebener Muskatnuss und Pfeffer kräftig würzen. Frühstücksspeck in 1 Zentimeter große Stücke schneiden und kross anbraten. Vor dem Servieren auf der heißen Suppe verteilen.

Die Geschichte der holsteinischen Elbmarschen ist vor allem eine Geschichte des Kampfes gegen das Wasser. Ohne die schützenden Deiche wäre das Land schon hundertfach überflutet worden. Nicht immer hielten sie stand. 25 dokumentierte schwere Sturmfluten seit dem Jahr 1164 verwüsteten das Land und die Dörfer und kosteten unzählige Menschenleben.

Neben Deichen und Sperrwerken sorgt ein ausgeklügeltes und in Jahrhunderten gewachsenes Entwässerungssystem, bestehend aus so genannten Wettern, Pumpstationen, Sielen und Schöpfmühlen dafür, dass die Marschen bewohnbar und vor allem landwirtschaftlich nutzbar sind. Ohne all dies wären sie überwiegend Moorgebiet. Streng genommen sind die Elbmarschen also eine künstliche, stark von Menschenhand geformte Landschaft. Zu sehen ist das vor allem an der gleichförmigen, welligen Kontur des Acker- und Weidelands, verursacht durch die unzähligen Gräben, die es in schnurgeraden Linien durchziehen. Das Land hat kaum auffällige Erhebungen, wohl aber auffällige Senken, die durch die Trockenlegung entstanden sind. Die mit 3,54 Metern unter dem Meeresspiegel tiefste Landstelle Deutschlands befindet sich in der Nähe von Neuendorf in der Wilstermarsch. Markantestes Zeichen des menschlichen Wirkens ist jedoch der Elbdeich. Braucht man in anderen Gegenden Aussichtstürme, um die Landschaft zu erfassen, so muss man in den Elbmarschen nur die Deichkrone erklimmen. In der luftigen Höhe von weniger als zehn Metern erblickt man in der einen Richtung plattes Land bis zum Horizont und in der anderen die Elbe und dahinter eine gleichfalls flache und nicht minder weit reichende Landschaft. Um die Elbmarschen zu erkunden, ist der Deich der ideale Wanderweg – von der

WEITES, FLACHES, FRUCHTBARES LAND

Haseldorfer Marsch, die bis zum Fluss Pinnau reicht, über die Seestermüher Marsch, an die sich hinter der Krückau die Kremper Marsch anschließt, bis zur Wilstermarsch zwischen Stör und Nordostseekanal. Dort beginnt die Region Dithmarschen, die sich bis zur Nordsee erstreckt. Vieles gleicht sich auf diesem Weg, doch die einzelnen Marschen haben auch ihre Verschiedenheiten. Die Nutzung der überaus fruchtbaren Böden reicht vom Obstbau über den Getreideanbau bis hin zur Weidewirtschaft. Schafe und Kühe, kleine verwunschene Reetkaten nahe dem Deich, die Schöpfmühlen und in neuerer Zeit zahlreiche Windräder, abgelegene Hofanlagen, viele kleine Dörfer und wenige größere Städte sind die Pünktchen in der trotz aller menschlichen Eingriffe urwüchsig wirkenden, weiten Landschaft.

Mittendrin liegt Glückstadt, eine der schönsten Städte Schleswig-Holsteins, und das, obwohl auch sie künstlich angelegt wurde. Christian IV., König von Dänemark und Norwegen und Herzog von Schleswig und Holstein, ließ sie ab dem Jahr 1616 errichten. Auch den Namen legte der König fest: „Dat schall glücken und dat mutt glücken,

und denn schall se ok Glückstadt heten!" Eine uneinnehmbare Festungs- und Hafenstadt sollte es werden. Am Reißbrett wurde ein sechseckiger Grundriss geplant, mit einem Markt in der Mitte, von dem zwölf Straßen sternförmig jeweils bis zum Festungswall abgehen sollten. Bis in die 1620er Jahre wurden die Planungen Zug um Zug umgesetzt. Bereits in den Jahren 1625, 1627 und 1628 und dutzende weitere Male in den folgenden Jahrhunderten richteten Sturmfluten in der Stadt, an den Festungswerken und im Umland schwere Schäden an. Trotz vielfacher Zerstörungen kann man den ursprünglichen Aufbau beim Gang durch Glückstadt noch heute erahnen. Kleine Fischerhäuser und große Speicher in Hafennähe, Kaufmannshäuser und Stadtpalais – viele historische Gebäude haben nicht nur dem wütenden Wasser, sondern auch der wechselvollen Geschichte immer wieder getrotzt und bilden heute ein malerisches, buntes Bild ohne die Strenge der ursprünglichen Geometrie. Vor der nächsten Sturmflut sind sie hoffentlich geschützt durch moderne Sperrwerke, Fluttore und noch höhere Deichanlagen.

LANDGASTHAUS „ZUM DÜCKERSTIEG"

Landgasthaus
„Zum Dückerstieg"

Dückerstieg 7
25554 Neuendorf-Sachsenbande

Telefon 0 48 23 / 9 29 29
Telefax 0 48 23 / 9 29 31

www.dueckerstieg.de

Mit Frack und Zylinder kutschiert Ernst Otto Prüß in einem seiner zwei Ford A, Baujahr 1927, wahlweise Cabriolet oder Limousine, die Brautpaare in die Kirche und anschließend zu ihrer Feier. Wohin? Ins Landgasthaus „Zum Dückerstieg", das ganz in der Tradition einer schleswig-holsteinischen Gastwirtschaft mit geräumigen Veranstaltungsräumen bestens gerüstet ist für rauschende Feste bis 250 Personen. Doch nicht nur anlässlich einer Feier lohnt die Anfahrt nach Neuendorf-Sachsenbande, nahe Deutschlands tiefster Landstelle, inmitten der kargen Wilstermarsch.

Frank Prüß und seine Frau Inga haben es geschafft, den von den Eltern übernommenen Landgasthof in die heutige Zeit zu überführen, ohne dabei mit der Tradition zu brechen. Das Interieur lebt von hellem Holz, warmen Gelbtönen und grünen Akzenten auf den gedeckten Tischen. An den Wänden hängen Aquarelle des Malers und „Marschmenschen" Karl-Heinz Plehn – Motive aus der Umgebung, mit kreativem Pfiff zu Papier gebracht.

Auch er sei ein „Marschmensch", sagt Frank Prüß. Und auch er setzt mit kreativem Pfiff die für die Region typische Küche um. Sein Anliegen ist „eine ehrliche Landküche mit Herz". Seinen beruflichen Werdegang kann der Küchenmeister dabei nicht leugnen. Der verlief durch viele Spitzenhäuser, unter anderen das „Louis C. Jacob" in Hamburg. So finden sich auf der Speisekarte regionale Klassiker wie hausgemachtes Sauerfleisch gleichberechtigt neben „Kalbschnitzel mit Bärlauch-Limonen-Marinade" oder „Dorsch auf geschmorten Gartengurken". Vor allem mit saisonalen Angeboten und täglichen Empfehlungen kann Prüß behutsam

Traditionelles mit Experimentellem verbinden. Bei der Wahl seiner Zutaten schaut er sich gern in der Region um. Der Stint kommt aus der Elbe, die Krabben von den Nordseefischern und Lamm oder Kalb von den Marschweiden.

Inga Prüß ist gelernte Hotelfachfrau und Hotelbetriebswirtin, sodass sich das Paar optimal ergänzt und den Betrieb demnächst um ein Gästehaus erweitern wird. Die Service- und Bankettchefin ist zudem Ansprechpartnerin für alle, die ihre Feier im Landgasthaus „Zum Dückerstieg" ausrichten wollen – ob Geburtstag in kleinem Rahmen oder rauschendes Hochzeitsfest – ob mit oder ohne einen der alten Fords vom Seniorchef.

Spanferkelrücken auf Kartoffel-Steckrübenmus mit Estragonsoße

Zutaten

Kartoffel-Steckrübenmus
50 g Butter
50 g Zwiebeln
80 g Speck
250 g Steckrüben
150 g Möhren
200 g festkochende Kartoffeln
1 Lorbeerblatt
1 Thymianzweig
15 g Zucker
Salz
Pfeffer aus der Mühle

Spanferkelrücken
1 kg Spanferkelrücken mit Schwarte (ausgelöst)
1 Lorbeerblatt
1 Thymianzweig
2 Zweige Estragon
80 g Rapsöl
150 g Zwiebel in Streifen
500 ml Bratenfond
50 g Butter
Salz
Pfeffer aus der Mühle
frische Blattpetersilie

Zubereitung

Für das Mus Speck und Zwiebeln fein würfeln und in Butter anschwitzen. Gemüse und Kartoffeln in ca. 1 Kubikzentimeter große Würfel schneiden und mit anschwitzen. Gewürze und Kräuter hinzufügen, mit Wasser bedecken und das Ganze ca. 45 Minuten leicht köcheln lassen, bis das Gemüse gar ist. Den Fond abgießen und unter Wiederzugabe des Fonds das Gemüse stampfen. Mit Salz, Zucker und Pfeffer aus der Mühle abschmecken und warm stellen.

Den Spanferkelrücken salzen und pfeffern. Die Zwiebelstreifen in Rapsöl leicht braun braten, Gewürze und Kräuter hinzufügen und mit Bratenfond angießen. Bei 120 °C in den Ofen schieben, nach 15 Minuten herausnehmen und mit einem scharfen Messer die Schwarte einschneiden, dann wieder in den Ofen schieben und bei 80 °C ca. 45 Minuten fertig garen.

Herausnehmen, den Fond durch ein Sieb gießen und mit frischem Estragon und Butter abschmecken. Den Rücken unter dem Ofengrill schön kross werden lassen. Das Mus auf einem warmen Teller anrichten und den Spanferkelrücken in Scheiben auf das Mus legen, mit Estragonsoße umgießen und mit frischer Blattpetersilie garnieren.

RISTORANTE „LA GRAPPA"

freudig. Seine Küche sei, so sagt er: „ein bisschen italienisch, ein bisschen orientalisch, ein bisschen von allem." Und mit einem Augenzwinkern fügt er hinzu: „Nur italienisch wäre einfach zu langweilig!" Er liebt die Abwechslung, setzt immer wieder neue Ideen um. Im Sommer beispielsweise stellt er manchmal aus dem Fruchtfleisch von Wassermelonen, Anchovis und Mandelkernen „falsche Austern" her, die in Geschmack und Konsistenz den echten ähneln und so die Neugier auf diese wecken. Seinen Antrieb bringt Sisca mit einem Satz auf den Punkt: „Kochen ist eben meine Leidenschaft!" Leidenschaftlich ist der Koch auch hinsichtlich der Art, wie seine Küche präsentiert wird. Die Tische im „La Grappa" sind stilvoll eingedeckt und jedes Gericht wird liebevoll ausgarniert. Sisca betont: „Jede Speise muss richtig schön aussehen!" Im Juni 2004 eröffnete er sein kleines „Ristorante" in der Itzehoer Innenstadt. Unterstützt wird er von einem kleinen beständigen Serviceteam und von der Familie – seiner Frau und den zwei kleinen

Ristorante „La Grappa"

Feldschmiede 78
25524 Itzehoe

Telefon 0 48 21 / 7 79 64 60

„Kalbsleber mit Butter und Salbei", „Risotto mit Safran und Blattgold", „Schweinefilet unter der Kaffeekruste mit Zitronengras-Orangensoße" oder „Blutorangencarpaccio mit Campari-Orangen-Sorbet" – wer die Positionen auf der wechselnden Speisekarte des „Ristorante La Grappa" liest, ahnt schnell die drei wichtigsten Charakterzüge des in Italien geborenen Patrons und Küchenchefs Carmine Sisca: ambitioniert, kreativ und experimentier-

Zubereitung

Für das Zitronensorbet den Zucker mit dem Wasser aufkochen und abkühlen lassen. Mit dem Zitronensaft verrühren und ca. 30 Minuten gefrieren. Das Eiweiß halb steif schlagen und unter die Masse rühren. Anschließend mindestens 2 Stunden gefrieren, dabei zwischendurch durchrühren.

Die in Stäbchen geschnittenen Auberginen ca. 25 Minuten in siedendem Wasser kochen und anschließend abgießen. In der Pfanne kurz in wenig Öl sautieren und erkalten lassen. Den geriebenen Parmesan, ca. 2 Esslöffel geriebenes Weißbrot, das Eigelb und die gehackten Minz- und Basilikumblätter mit den Auberginen vermengen, abschmecken und runde oder stumpfkehlige Kräpfchen aus der Masse formen. In geriebenem Weißbrot wälzen und in Olivenöl frittieren. Heiß auf den Teller geben und mit Kapuzinerkresse garnieren.

Rucola mit Ginger Ale und 200 Gramm von dem Zitronensorbet im Mixer vermengen, durch ein Sieb passieren und einige Sekunden vor dem Servieren nochmals durchmixen. In einem Grappaglas servieren.

Töchtern, von denen die ältere bereits ihre eigene Schürze in Papas Küche hängen hat. Seit dieser Zeit hat sich eine treue Stammkundschaft gebildet, die das „La Grappa" entweder regelmäßig zum italienisch geprägten Mittagstisch aufsucht, für Veranstaltungen wie Familienfeiern in kleinem Rahmen nutzt oder sich abends mit ungewöhnlichen Kreationen oder einem Menü verwöhnen lässt.

Kurzweil während der Wartezeit auf die stets frisch vom Solisten Sisca „à la minute" in der kleinen Küche zubereiten Speisen verursacht die Tischdekoration – Linsen, die fast jeder Gast früher oder später zwischen den Fingern spielen lässt, haben eine beinahe meditative Wirkung. Das Ziel: „Die Leute sollen sich bei uns entspannen, etwas Ruhe haben, sich wohlfühlen." Dass das gelungen ist und dass es ihm gut geschmeckt hat, hat ein Gast dem Team des „La Grappa" einmal mit den Linsen auf den Tisch geschrieben – „DANKE" war da zu lesen.

Auberginenkräpfchen auf Kapuzinerkresse mit Rucolino

Zutaten

100 g Zucker
75 ml Wasser
175 ml Zitronensaft
1 Eiweiß

150 g Auberginen
2 EL Parmesan, gerieben
1/2 Eigelb
80 g getrocknetes Weißbrot
1 Minzblatt
2 Basilikumblätter
Olivenöl
Salz
Pfeffer aus der Mühle
200 g Kapuzinerkresse
40 g Rucola
10 cl Ginger Ale

Angefangen hatte alles um 1850, als der Fuhrunternehmer Heinrich Pfingsten beschloss, nicht länger Schnaps für andere Unternehmen auszuliefern, sondern ihn selbst zu verkaufen. Später ging er, unterstützt von Ehefrau Luise, noch einen Schritt weiter, stellte einen Destillateur an und gründete 1879 eine eigene Spirituosenmanufaktur. Ab den 1960er Jahren wurde mit dem Weinhandel ein neuer Geschäftszweig begründet, der den Fortbestand des Unternehmens sicherte und es ermöglichte, die eigene Produktion bis zum heutigen Tag aufrechtzuerhalten. Unter der Federführung von Frauke Pfingsten, die ausgebildete Destillateurin ist, werden in Itzehoe mit Fruchtessenzen und Gewürzen verfeinerte Spirituosen hergestellt. Zu regionalen Spezialitäten wie dem Steinburger Korn, dem Itzehoer Kümmel und dem Wilsteraner „Köm" im Steinkrug, zu Magenbittern, Obstlikören und dem besonders beliebten Eierlikör gesellen sich besondere Speziali-

täten wie „Ut de Krug", ein scharfer Wurzelbrand, dessen aromagebender Bestandteil Galgantwurzel ist. Sein etwas milderes Äquivalent ist der „St. Margarethener Damenlikör".

Ein kompetenter Ansprechpartner für den Endverbraucher wie auch für die Gastronomie ist das Haus in Sachen Wein und Sekt. Gut 300 edle Tropfen aus allen Anbaugebieten hat Pfingsten ständig auf Lager. Verkostungen vor Ort in der urigen Atmosphäre des alten Gemäuers sind jederzeit möglich. Jeweils im Frühjahr und im Herbst veranstaltet der Betrieb außerdem in Zusammenarbeit mit dem Restaurant Klosterbrunnen eine zweitägige Weinbörse, bei der gut 150 Weine von den Teilnehmern probiert werden können. In lockerer Atmosphäre entdecken dort viele Einsteiger für sich das, was Wein für Heinz Pfingsten bedeutet: „Lebenskultur und Lebensqualität! Ich kann noch immer jedes Glas genießen", sagt er.

Historisches Weinhaus
Pfingsten

Salzstraße 2
25524 Itzehoe

Telefon 0 48 21 / 22 87
Telefax 0 48 21 / 22 97

www.weinhaus-pfingsten.de

Wochen überarbeitet. Aus allem, was er täglich frisch einkaufen kann, zaubert Metzler zudem Tagesempfehlungen und Überraschungsmenüs.

Ab vier Personen kann man auch einfach mit der Aufforderung „Tischlein deck Dich!" bestellen. Auf Platten, in Schüsseln und dampfenden Terrinen werden vier Gänge jeweils für den ganzen Tisch serviert, was dem Essen einen gänzlich unverkrampften Rahmen verleiht und den Gästen einen ungewöhnlichen Restaurantbesuch beschert.

Ungewöhnlich sind auch die Veranstaltungen im „Metzler's". Da wäre zum Beispiel die „Sektnacht", immer am letzten Oktoberwochenende, wenn die Uhren zurückgestellt werden, bei der ein 4-Gang-Menü mit korrespondierenden Sekten serviert wird. Bei der „Cucina Erotica" am Valentinstag enthält jeder der fünf Gänge ein Aphrodisiakum. „Was die Gäste nach dem Essen daraus machen, bleibt ihnen überlassen", kommentiert Christoph Metzler schmunzelnd. Und auch die monatlich stattfindenden Kochkurse sind eine Spur anders. Man trifft sich schon zum Prosecco-Frühstück, danach wird fünf Stunden lang gemeinsam gekocht. Zum Essen laden die Teilnehmer ihrerseits Gäste ein, sodass der Tag in geselliger Runde ausklingt.

Metzler's

Uetersener Straße 11
25436 Tornesch

Telefon 0 41 22 / 98 92 80

www.restaurant-metzlers.de

Bei einem Besuch im Restaurant „Metzler's" kommt Urlaubsstimmung auf. Vor dem Haus laden zwei Sonnenstühle und feiner Sand als „Norddeutschlands kleinster Beachclub" zu einer Auszeit ein, im Innern sorgen Holz- und Terracotta-Töne und ein kräftiges Orange dafür, dass hier, wie Jasmine Metzler es formuliert, „selbst im Winter immer die Sonne scheint". Mit mediterraner Gelassenheit umsorgt sie die Gäste. Die Speisen, die Ehemann Christoph zubereitet, sind der Mittelmeerküche angelehnt. In der kalten Jahreszeit kommen selbst norddeutsche Klassiker durch moderne Zubereitungsarten angenehm leicht daher. „Ich hab' einfach Freude daran, ein frisches Produkt vor mir zu haben und daraus was Tolles zu machen", sagt der Koch und bekennt, dass er an seinem Beruf vor allem die Abwechslung liebt. Die Karte wird daher etwa alle zwei

Im kleinen Ort Hohenhorst in der Haseldorfer Marsch liegt der „Hof Mühlenwurth".
Familie Schuldt betreibt hier ihr Hofcafé
und den „Lütte Loden", in dem neben Obst
und Obsterzeugnissen des Hofs auch der
Ziegenkäse der Meierei Kruse in Rellingen
und weitere Produkte aus der Region verkauft werden.

Im Frühjahr 2002 wurde der alte Kuhstall
zum heutigen Café aus- und umgebaut und
mit liebevoll zusammengetragenen antiken
Möbeln und Dekorationsgegenständen ausgestattet. Zu vielen davon ließe sich eine
Geschichte erzählen. Immer wieder für eine
Geschichte gut ist das zur Sitzecke um-
funktionierte Bett. So mancher Gast hat
hier schon ein „Frühstück im Bett" ge-
nossen. „Und das spricht sich dann herum",
erzählt Bärbel Schuldt. „Es kommen immer
wieder neue Gäste herein und sagen als
erstes: Da ist also das Bett." Und schmunzelnd fährt sie fort: „Einmal hat ein
Engländer gefragt, ob er hier übernachten
könne, weil er von einem ‚Frühstück im
Bett' gehört und das mit dem englischen
Begriff ‚Bed & Breakfast' verwechselt hatte."

Tochter Katrin Kruse ist gelernte Haus-
wirtschaftliche Betriebsleiterin und arbeitet
vollzeitig im Café. Sie zeichnet verantwortlich für das wöchentlich wechselnde und
nach der Saison ausgerichtete Kuchen- und
Tortenangebot von der Pflaumen-Baiser-
Torte über den Klassiker Bienenstich und
verschiedene Blechkuchen bis hin zum
Holunder-Apfeltraum. „Ich freue mich,
wenn's den Leuten schmeckt", sagt Katrin
Kruse. „Und ich glaube, dass die Leute, die
aus der Stadt zu uns kommen, die familiäre
Atmosphäre erholsam finden."

Um die Erholung perfekt zu machen, lässt
sich ein Besuch auf dem „Hof Mühlenwurth", zum Frühstück oder zu Kaffee und
Kuchen, mit einem ausgedehnten Spazier-
gang auf dem Elbdeich verbinden – zur
einen Seite mit Blick auf das Naturschutz-
gebiet „Haseldorfer Binnenelbe mit Elbvor-
land", zur anderen auf die Obstgärten der
Haseldorfer Marsch

Hof Mühlenwurth

Hohenhorster Chaussee 58
25489 Hohenhorst

Telefon 0 41 29 / 7 45
Telefax 0 41 29 / 95 52 90

OBST-PARADIES

Sein Vater Georg mischt bis heute mit. Vor allem beim Baumschnitt ist seine jahrzehntelange Erfahrung gefragt.

Rund um die „Selbstpflücke" gibt es eine Reihe von Attraktionen, die einen Ausflug ins „Obst-Paradies" zu einem Erlebnis machen: den großen Hofladen, Rundgänge durchs Obst, einen Spielplatz und einen Streichelzoo für die Kinder und nicht zuletzt das große Hofcafé mit Sonnenterrasse, das im Frühjahr 2005 eröffnet wurde. Von der Terrasse aus hat man einen weiten Blick über die Wedeler Marsch und die Elbe bis ins Alte Land und vor allem über die 19 Hektar große Obstplantage. 15 verschiedene Apfelsorten, rote und schwarze Johannisbeeren, rote und grüne Stachelbeeren, Himbeeren, Erdbeeren und Sauerkirschen baut der Betrieb an. „Für das, was wir im Hofcafé anbieten, können wir hinsichtlich des Obstes aus dem Vollen schöpfen", sagt Ute Kleinwort. Zwölf verschiedene Kuchen und Torten, allesamt hausgemacht, umfasst die Auswahl an jedem Wochenende, dabei variiert das Angebot passend zur Obsternte. Bei den Gästen beliebt sind beispielsweise die Stachelbeer-Baiser-Torte, die Eierlikör-Kirsch-Torte nach dem nebenstehenden Rezept, die Mohn-Marzipan-Torte oder die Apfel-Schmant-Torte. In der Küche wirkt die gelernte Hauswirtschafterin Rea Dammann. Die freut sich über Lob aus berufenem Munde besonders. „Einmal hatten

Obst-Paradies
Café und Hofladen

Hof Winterros
22880 Wedel

Telefon 0 41 03 / 8 88 05
Telefax 0 41 03 / 9 74 42

www.obst-paradies-kleinwort.de

Raus aufs Land! Um zum „Obst-Paradies" zu gelangen, fährt man das letzte Stück durch die unverwechselbare Landschaft der Wedeler Marsch – vorbei an Äckern und Obstgärten, knorrigen alten Weiden am Wegesrand und Schafen auf dem etwas weiter zurück gelegenen Elbdeich. Schon seit gut einem Jahrhundert bewirtschaftet Familie Kleinwort den Hof Winterros, seit 1948 mit Obstbau. 1996 übernahm Dirk Kleinwort zusammen mit Ehefrau Ute und tatkräftig unterstützt vom Rest der Familie den elterlichen Betrieb.

wir einen Konditor zu Gast und der sagte, die Torten seien sehr gut", erzählt sie. Auch mit Veranstaltungen vom Osterfeuer jeweils am Ostersamstag über das Erdbeerfest im Juni bis zum Apfelfest im September lockt Familie Kleinwort die Besucher aus der Umgebung und der nahen Großstadt Hamburg in großer Zahl auf ihren Hof. Bei Würstchen, Waffeln und frischem Holzofenbrot von einem Wedeler Bäcker, bei allerlei Aktivitäten für die Erwachsenen und die Kinder und nicht zuletzt bei den Köstlichkeiten aus dem Café ist gute Stimmung garantiert. „Das Highlight für die Kinder sind vor allem die Treckerfahrten", weiß Ute Kleinwort zu berichten.

Zum Erntedank kommt auch der für die Gemeinde zuständige Pastor auf den Hof und richtet in der Halle einen stets gut besuchten Dankgottesdienst aus. Ein besonderes Angebot des Hofs ist seit Kurzem auch die Ausrichtung von Kindergeburtstagen, um die sich vor allem Tochter Manuela Kleinwort kümmert. Und auch hier gilt, gleichsam als Motto: Raus aufs Land!

Eierlikör-Kirsch-Torte

Zutaten

Für den Boden
4 Eiweiß
80 g Margarine
80 g Zucker
1 TL Vanillezucker
4 Eigelb
4 EL Eierlikör
200 g gemahlene Mandeln
100 g Raspelschokolade

Für den Belag
500 ml Kirschsaft
100 g Zucker
2 TL Vanillezucker
80 g Vanille-Puddingpulver
1 kg Sauerkirschen

Für die Creme
500 ml Sahne
2 TL Vanillezucker
3 TL Sahnesteif
100 g Raspelschokolade
Eierlikör

Zubereitung

Eiweiß steifschlagen. Margarine, Zucker, Vanillezucker, Eigelb, Eierlikör und Mandeln zu einem Rührteig verarbeiten, dann Eiweiß und zuletzt die Raspelschokolade unterheben. Bei 180 °C ca. 45 Minuten backen. Abkühlen lassen und aus der Form lösen.
Den Kirschsaft mit dem Zucker und dem Vanillezucker aufkochen und das Puddingpulver einrühren, anschließend die Kirschen unterheben. Das Ganze auf dem Boden verteilen und abkühlen lassen.
Die Sahne mit dem Vanillezucker und Sahnesteif steifschlagen. Die Masse auf die Kirschen geben und glattstreichen.
Zuletzt die Torte mit Sahnetupfern, Eierlikör und Raspelschokolade verzieren.

KULINARISCHE EMPFEHLUNGEN

Restaurant Baltic Bay 90
Fördewanderweg 2
24235 Laboe
Telefon 0 43 43 / 42 42 - 0
www.restaurant-balticbay.de

Wein- und Rumhaus Braasch 122
& Grünzeug von Braasch
Rote Straße 26 - 28
24937 Flensburg
Telefon 04 61 / 14 16 00
Telefax 04 61 / 1 41 60 13
info@braasch-rum.de
www.braasch-rum.de

Partyservice „Brot & Spiele" 148
Hotelchen am Teich
Am Teich 5 – 6
24534 Neumünster
Telefon 0 43 21 / 4 90 40
Telefax 0 43 21 / 49 04 44
info@hotelchenamteich.de
www.hotelchenamteich.de

Café Krog 112
Kirchenholz 13
24897 Ulsnis
Telefon 0 46 41 / 9 89 00
Telefax 0 46 41 / 98 90 29
info@cafekrog.de
www.cafe-krog.de

Café Markt 26
Am Markt 3
23879 Mölln
Telefon 0 45 42 / 8 65 69

Café und mehr am Steinkamp 84
Steinkamp 7
24327 Futterkamp
Telefon 0 43 81 / 4 01 80
Telefax 0 43 81 / 40 18 11
info@ferienhof-ebert.de
www.ferienhof-ebert.de

Chabos im Hühnerhof 22
Burgstraße 14
23881 Borstorf
Telefon 0 45 43 / 89 15 04
Telefax 0 45 43 / 89 15 05

Columbia Hotel 42
Casino Travemünde
Restaurants La Belle Epoque,
Il Giardino & Fischmarkt,
Café kaffeehouse
Bar Seven C's Club &
Pavillion am Meer
Kaiserallee 2
23570 Lübeck-Travemünde
Telefon 0 45 02 / 30 80
Telefax 0 45 02 / 30 83 33
travemuende@columbia-hotels.de
www.columbia-hotels.de

Confiserie & Kaffeehaus 49
Kurpromenade 12
23669 Timmendorfer Strand
Telefon 0 45 03 / 55 54
Telefax 0 45 03 / 26 92
h_hiller@hotmail.com

Creativ Küchen Design 164
Schafskoppel 1
An der B432
23845 Itzstedt
Telefon 0 45 35 / 29 92 00
Telefax 0 45 35 / 2 99 20 20
info@creativ-kuechen-design.de
www.creativ-kuechen-design.de

Hof Dannwisch 178
Betriebsgemeinschaft GbR
Dannwisch 1
25358 Horst
Telefon 0 41 26 / 21 98 oder 14 56
Telefax 0 41 26 / 27 84
abo@dannwisch.de
www.dannwisch.de

Landgasthof 89
Der Alte Auf
Am Dorfteich 15
24217 Fiefbergen
Telefon 0 43 44 / 41 55 25
Telefax 0 43 44 / 44 88
info@der-alte-auf.de
www.der-alte-auf.de

„Destille" 128
Weinstube und Café
Neukircher Weg 8a
24989 Dollerup
Telefon 0 46 36 / 97 60 30
info@alles-apfel.com
www.alles-apfel.com

Dolleruper Kleinmosterei 128
Kelterei, Brennerei, Wein- und
Spirituosenhandel
Neukircher Weg 8a
24989 Dollerup
Telefon 0 46 36 / 97 60 30
info@alles-apfel.com
www.alles-apfel.com

Kulinarische Empfehlungen

Geschäftsstelle der KäseStraße SH e.V.
Landwirtschaftskammer Schleswig-Holstein
Holstenstraße 106-108
24103 Kiel
Telefon 04 31 / 9 79 73 56
Telefax 04 31 / 9 79 71 30
www.kaesestrasse-sh.de
Mitglieder:
Axel Brinkhaus GmbH & Co. KG,
Bad Bramstedt
Telefon 0 41 92 / 39 66
Der Käsehof Biss, Dersau
Telefon 0 45 26 / 15 97
Die Ziegen vom Redderhof, Zarpen
Telefon 0 45 33 / 81 55
Domäne Fredeburg, Fredeburg
Telefon 0 45 41 / 8 62 10
Erdmannshof E. Voß, Krukow
Telefon 0 41 53 / 5 54 20
Feinkäserei Sarzbüttel, Sarzbüttel
Telefon 0 48 06 / 3 28
Friesische Schafskäserei Hof Volquardsen,
Tetenbüll
Telefon 0 48 62 / 3 48
Föhrer Insel Käse, Alkersum
Telefon 0 46 81 / 24 92
Gutskäserei Behl, Grebin
Telefon 0 45 22 / 74 94 90
Hansfelder Hof, Lübeck
Telefon 04 51 / 40 85 40 25
Heidrun Kräber Rohmilchkäse, Leck
Telefon 0 46 62 / 69 97 01

Hof Berg Familie Teschemacher, Dannau
Telefon 0 43 83 / 4 20
Hof Dannwisch, Horst
Telefon 0 41 26 / 21 98 oder 14 56
Hofkäserei Klostersee, Cismar
Telefon 0 43 66 / 5 17
Hofladen Mangelsen, Streichmühle-Dollerup
Telefon 0 46 36 / 86 21
Jahnkes-Ziegenkäse, Sörup
Telefon 0 46 35 / 15 75
JÖLA Molkereiprodukte-Vertriebs GmbH,
Quickborn
Telefon 0 41 06 / 79 96 50
Käse Kober, Besdorf
Telefon 0 48 27 / 99 91 35
Käsehof Lohmühle, Bendorf
Telefon 0 48 72 / 31 75
Käserei Holtsee, Holtsee
Telefon 0 43 57 / 9 97 10
Kattendorfer Hof, Kattendorf
Telefon 0 41 91 / 95 42 16 und 90 94 36
Kruse's Hofmilch, Rellingen
Telefon 0 41 01 / 3 38 82
meierhof Möllgaard, Hohenlockstedt
Telefon 0 48 26 / 37 03 78
Milchschafhof Solterbeck, Owschlag
Telefon 0 43 36 / 34 39
Ostenfelder Meierei, Ostenfeld
Telefon 0 48 45 / 8 66
Rohmilchkäserei Backensholz,
Oster-Ohrstedt
Telefon 0 46 26 / 3 44

Schafskäserei Matthias Clausen, Tönning
Telefon 0 48 61 / 55 50

Ziegenhof Dollerupholz, Westerholz
Telefon 0 46 36 / 97 75 53

Ziegenhof Magens, Neuendorf
Telefon 0 41 21 / 26 92 95

Ziegenhof Rehder, Boksee
Telefon 0 43 02 / 18 22

Ziegenhof Weesby, Weesby
Telefon 0 46 05 / 1 89 82 20

Hotel Kieler Yacht Club 92
Hindenburgufer 70
24105 Kiel
Telefon 04 31 / 8 81 30
Telefax 04 31 / 8 81 34 44
info@hotel-kyc.de
www.hotel-kyc.de

Landgasthof Kirschenholz 142
Hauptstraße 4
24637 Schillsdorf
Telefon 0 43 94 / 3 09
Telefax 0 43 94 / 4 71
info@kirschenholz.de
www.kirschenholz.de

Hof Klostersee 176
23743 Cismar
Telefon 0 43 66 / 5 17
Telefax 0 43 66 / 3 13
klostersee@gmx.de
www.hof-klostersee.de

Klüver's Brauhaus 57
Schiffbrücke 2 - 4
23730 Neustadt in Holstein
Telefon 0 45 61 / 71 48 11
Telefax 0 45 61 / 71 49 22
info@kluevers-brauhaus.de
www.kluevers-brauhaus.de

Köpps Restaurant & Café 58
Uferstraße 18
23743 Grömitz
Telefon 0 45 62 / 22 38 22

Ristorante „La Grappa" 188
Feldschmiede 78
25524 Itzehoe
Telefon 0 48 21 / 7 79 64 60

Landhaus Carstens 50
Strandallee 68
23669 Timmendorfer Strand
Telefon 0 45 03 / 60 80
Telefax 0 45 03 / 6 08 60
info@landhauscarstens.de
www.landhauscarstens.de

Lobster 104
Restaurant – Café – Bistro
Am Weidefelder Strand
24373 Kappeln
Telefon 0 46 42 / 84 44
Telefax 0 46 42 / 98 74 31

weidefelderstrand@t-online.de
www.lobster-kappeln.de

Hofladen Mangelsen 177
Haffstraße 62
24989 Streichmühle
Telefon 0 46 36 / 86 21
Telefax 0 46 36 / 16 01
hofladen-mangelsen@t-online.de
www.hofladen-mangelsen.de

Hotel Maris 54
Strandallee 10
23683 Haffkrug
Telefon 0 45 63 / 4 27 20
Telefax 0 45 63 / 42 72 72
info@hotelmaris.de
www.hotelmaris.de

Markeruper Gänse & Enten 130
Klingenhoff GmbH
Hauptstraße 7
24975 Markerup
Telefon 0 46 34 / 13 63
Telefax 0 46 34 / 97 31
klingenhoff-gmbh@t-online.de
www.klingenhoff.de

KULINARISCHE EMPFEHLUNGEN

KULINARISCHE EMPFEHLUNGEN

VERZEICHNIS DER REZEPTE

ISBN: 978-3-86528-357-3
24,1 cm x 27,6 cm

ISBN: 978-3-86528-353-5
24,1 cm x 27,6 cm

ISBN: 978-3-86528-390-0
24,1 cm x 27,6 cm

ISBN: 978-3-86528-397-9
24,1 cm x 27,6 cm

Kulinarische Entdeckungsreisen ...
...durch die schönsten Urlaubsregionen

ISBN: 978-3-86528-361-0

ISBN: 978-3-86528-358-0

ISBN: 978-3-86528-337-5

ISBN: 978-3-86528-344-3

ISBN: 978-3-86528-356-6

ISBN: 978-3-86528-377-1

ISBN: 978-3-86528-359-7

ISBN: 978-3-86528-346-7

Im Herbst 2007

Erscheinen ...

ISBN: 978-3-86528-336-8
24,1 cm x 27,6 cm

ISBN: 978-3-86528-364-1

ISBN: 978-3-86528-385-6
24,1 cm x 27,6 cm

ISBN: 978-3-86528-401-3

Petra Wagner, Daniel Schvarcz
Eine kulinarische Entdeckungsreise durch das Berchtesgadener Land, den Rupertiwinkel und entlang der Salzach
200 Seiten, 400 Farbfotos und 1 Karte
ISBN: 978-3-86528-368-9

Cornelia Haller-Zingerling, Christian Gufler
Eine kulinarische Entdeckungsreise durch Südtirol
408 Seiten, 550 Farbfotos und 1 Karte
ISBN: 978-3-86528-383-2

Italienische Ausgabe:
Cornelia Haller-Zingerling, Christian Gufler
Alla scoperta dell'arte culinaria altoatesina
408 Seiten, 550 Farbfotos und 1 Karte
ISBN: 978-3-86528-402-0

Sabine Bomeier, Christiane und Heinz Anschlag
Eine kulinarische Entdeckungsreise – Lüneburger Heide und Elbmarsch
152 Seiten, 300 Farbfotos und 1 Karte
ISBN: 978-3-86528-376-4

Bettina Schaefer, Regina Jacobsen
Eine kulinarische Entdeckungsreise durch Schleswig-Holstein
208 Seiten, 400 Farbfotos und 1 Karte
ISBN: 978-3-86528-382-5

Silke Martin, Martin Wolf
Eine kulinarische Entdeckungsreise entlang der Mosel
144 Seiten, 200 Farbfotos und 1 Karte
ISBN: 978-3-86528-373-3

Peter Joachim Arweiler, Patrick Brauns, Helmuth Scham
Eine kulinarische Entdeckungsreise rund um den Bodensee
168 Seiten, 300 Farbfotos und 1 Karte
ISBN: 978-3-86528-370-2

Gertrud und Eberhard Löbell, Björn Kray Iversen
Eine kulinarische Entdeckungsreise durch Pfalz, Kurpfalz und Odenwald
208 Seiten, 400 Farbfotos und 1 Karte
ISBN: 978-3-86528-375-7

Claus Spitzer-Ewersmann, Frank Pusch
Trends und Lifestyle von den ostfriesischen Inseln nach Bremen
256 Seiten, 500 Farbfotos und 1 Karte
ISBN: 978-3-86528-388-7

Günther Schreiber, Gerhard Friedrich Kunz
Trends und Lifestyle im Burgenland
224 Seiten, 450 Farbfotos und 1 Karte
24,1 cm x 27,6 cm
ISBN: 978-3-86528-389-4

Stephan und Dominik Klinger, Martin Steinkellner
Trends und Lifestyle in Linz und Umgebung
208 Seiten, 400 Farbfotos und 1 Karte
24,1 cm x 27,6 cm
ISBN: 978-3-86528-393-1

Nina Neuhold, Stefan Kristoferitsch
Trends und Lifestyle in Graz und Umgebung
176 Seiten, 350 Farbfotos und 1 Karte
24,1 cm x 27,6 cm
ISBN: 978-3-86528-363-4

* Sofern nicht anders angegeben, haben alle Titel ein Format von 24,1 cm x 30,6 cm.

Alle Titel erhalten Sie bei Ihrer örtlichen Buchhandlung. Für weitere Informationen über unsere Reihe wenden Sie sich direkt an den Verlag:

UMSCHAU :

Neuer Umschau Buchverlag | Theodor-Körner-Straße 7 | D-67433 Neustadt/Weinstraße
Telefon + 49 (0) 63 21 / 877-852 | Telefax + 49 (0) 63 21 / 877-866
e-mail: info@umschau-buchverlag.de | www.umschau-buchverlag.de

IMPRESSUM

© 2007 Neuer Umschau Buchverlag GmbH, Neustadt an der Weinstraße

Herausgeberin
Katharina Többen, Neckargemünd

Texte
Bettina Schaefer, Bühnsdorf

Fotografie
Regina Jacobsen, Schellhorn

Lektorat
Monika Stumpf, Neustadt/Weinstraße

Satz, Layout und Reproduktionen
Lithotronic Media GmbH, Dreieich bei Frankfurt

Karte
Thorsten Trantow, Kenzingen
www.trantow-atelier.de

Druck und Verarbeitung
Finidre, s.r.o. Cesky Tesin, Tschech. Rep.

Printed in Czech Republic
ISBN: 978-3-86528-382-5

Die Ratschläge in diesem Buch sind vom Autor und dem Verlag sorgfältig erwogen und geprüft, dennoch kann eine Garantie nicht übernommen werden. Eine Haftung der Autoren und des Verlages für Personen-, Sach- und Vermögensschäden ist ausgeschlossen.
Die Rezepte sind üblicherweise für 4 Personen ausgerichtet.

Besuchen Sie uns im Internet
www.umschau-buchverlag.de

Titelfotografie: Regina Jacobsen
Landschaft: Mühle „Charlotte" in der Geltinger Birk
Foodaufnahme: Weißwurst von Meeresfrüchten mit Beluga-Linsen auf Rote-Beete-Carpaccio, zubereitet im Restaurant-Café Olive, Bad Schwartau.
Buchrückseite: Hafen von Niendorf ; Lübecker Rathaus; Detailaufnahme

Fotos von Bettina Schaefer:
S. 11 rechts oben, S. 12/13, S. 19 rechts unten, S. 32, S. 33, S. 34, S. 44 links Mitte, S. 57, S. 59 rechts unten, S. 61, S. 74 links oben, S. 100, S. 114 rechts oben, S. 116, S. 117, S. 118, S. 131 links und Mitte unten, S. 132, S. 133 links oben, S. 134 rechts unten, S.136, S. 150, S. 151, S. 152, S. 155, S. 157 Mitte und rechts unten, S. 161 Mitte, S. 177 unten, S. 191, S. 203.

Wir bedanken uns für die freundlicherweise zur Verfügung gestellten Fotos bei:
Fisch Feinkost Klüver GmbH/Olaf Klüver (S. 57), Hotel Birke (S. 96/97), Wein- und Rumhaus Braasch (S. 122, S. 124, S. 125 oben rechts; Markus Dewanger/Yvonne Braasch), Strandhotel Glücksburg (S.119 Foodaufnahme; André Schneider), Roberto Rossi (Foodaufnahme und Portrait), Vitalia Seehotel (S. 158; S. 159 rechts oben, rechts unten), Süßmosterei Schmidt (S. 20), Gartencafé Scheffler (S. 147 rechts unten, rechts oben), Heidekate (S.163, Foodaufnahme), Pipistrello Event (S. 156 und S. 157 unten links; Kolja von der Lippe).

Regina Jacobsen und Bettina Schaefer